KB054407

장사와 돈에 관련된 직업 1

상인 · 회계사 · 광고인

·이 책에서 다루는 직업·

상인 ── 온·오프라인 매장 운영
    ── 국제 무역
    ── 메타버스 상인

회계사 ── 감사반 및 회계 법인
     ── 금융공기업
     ── 법무법인
     ── 경영 컨설팅

광고인 ── 광고 기획자
     ── 제작 책임자
     ── 카피라이터
     ── 미술 감독
     ── 미디어 플래너

미래를 여는
경이로운 직업의 역사

장사와
돈에
관련된
직업 I

박민규 지음

상인 · 회계사 · 광고인

내가 정말로 원하는 직업은 무엇일까?

'선생님'이 되어 아이들을 가르치고 싶은 사람도 있고, '의사'가 되어 아픈 사람을 치료해 주고 싶은 사람도 있고, '경찰관'이 되어 범죄를 저지른 사람을 잡고 사람들을 돕고 싶은 사람도 있을 것입니다. 선생님, 의사, 경찰관이 '된다'는 것은 바로 선생님, 의사, 경찰관이라는 '직업을 가진다'는 의미입니다.

우리는 저마다 자신의 희망, 적성, 능력에 따라 직업을 가집니다. 직업이란 사람이 경제적 보상을 받으면서 자발적으로 하는 지속적인 활동입니다. 직업을 가지게 되면 기본적인 경제생활을 할 수 있는 소득을 얻고, 사회 발전에 이바지할 수도 있고, 무엇보다도 자기가 가지고 있는 꿈을 실현할 수 있습니다. 그래서 한 사람이 살아가기 위해서는 '직업'을 가지는 것이 매우 중요합니다.

직업을 가지려면 먼저 그 직업이 하는 일은 무엇이며, 그 일을 잘하기 위해서는 어떤 능력이 필요하고, 사회에서 하는 역할이 무엇인지

아는 것이 중요합니다. 그래야 자신의 꿈을 이룰 수 있는 직업을 선택하고, 그 직업에 필요한 능력을 미리 갖출 수 있기 때문입니다.

2021년 기준 한국에는 약 1만 7천여 개의 직업이 있고, 해마다 새로운 직업이 생겨나고 있습니다. 수많은 직업 중에서도 특히 많은 사람이 관심을 갖는 직업들이 있습니다. 우리는 이 직업들이 처음에 어떻게 생겨났고, 시대의 변화에 따라 바뀐 점과 바뀌지 않은 점이 무엇인지 살펴볼 것입니다. 달라진 점을 살펴보면 그 직업이 앞으로 어떻게 변해 갈지를 예측해 볼 수 있습니다. 또한, 달라지지 않은 점을 바탕으로 그 직업의 진정한 의미와 가치를 찾아낼 수 있을 것입니다.

이 책이 여러분에게 '내가 정말로 원하는 직업이 무엇인지' 생각해 보고, 미래를 준비하는 데 도움이 되기를 바랍니다.

장사와 돈에 관련된 여러 직업

인류는 농사를 지으면서 남은 물건을 사고팔기 시작했습니다. 처음에는 가까운 곳의 사람들과 거래하였고 점점 멀리 떨어진 지역과도 교역하기 시작했습니다. 거래가 발달하면서 자기 소유의 곡식이나 재물이 얼마나 있는지 기록하고 관리했으며, 자기가 판매하는 물건의 종류와 가격을 널리 알리는 데도 힘쓰게 되었습니다.

이 책은 물건을 사고파는 일을 직업으로 하는 '상인', 장부에 재물이 들고 나는 것을 기록하고 수입과 지출을 계산하는 직업인 '회계사', 상품을 많이 팔기 위해 널리 소개하는 '광고인'이 하는 일은 무엇인지 알아봅니다. 우선 그 일이 언제, 어떻게 탄생해서 오늘에 이르렀는지 살펴본 후 현재 상황은 어떤지, 그리고 미래에는 어떻게 달라질지를 예측합니다. 부록에서는 어떻게 하면 그 직업을 구할 수 있는지 소개합니다.

이 책을 통해 각각의 직업이 시대에 따라 겉으로 드러나는 모습과 하는 일의 본래 의미가 무엇인지, 변한 것은 무엇이고 변하지 않는 것은 무엇인지, 인류 발전에 어떻게 이바지했는지를 이해한다면, 직업을 지금까지와는 다른 시각에서 볼 수 있을 것입니다. 또한, 현재와 미래를 살펴 그 직업에 필요한 자질이 무엇인지, 어떤 준비를 해야 하는지, 앞으로 어떤 발전 가능성이 있는지도 알 수 있을 것입니다.

무엇보다도 책을 읽는 청소년들이 직업의 본래 의미를 이해해서 앞으로 어떤 직업을 선택하든지 자기가 하는 일에 보람을 느끼고 즐겁게 살아가기를 기대합니다.

• 차례 •

1부

물건을 세상에 유통하는 상인

상인의 탄생과
변화

여유가 있는 물품을 교환하거나 사고파는 일이 '상업'이고 이를 직업으로 삼은 사람이 '상인'이다. 먼 거리를 오가며 필요한 물품을 거래하는 교역의 무대는 전 세계로 확장되었고, 사람들이 모여사는 도시가 성장하며 더이상 자급자족할 수 없는 사람들 간의 상업 활동이 활발해지며 상인의 사회적 지위도 성장했다.

고대 문명과 상업

상업과 상인의 탄생

수렵과 채집으로 살아가던 인류는 약 1만 년 전쯤부터 한곳에 모여 살며 농사를 짓기 시작했다. 농사 기술이 발전하면서 풍족한 곡물을 얻게 된 사람들은 먹고 남은 것을 다른 물건과 교환했다. 이처럼 물건을 교환하거나 사고파는 일을 '상업'이라 하고 이를 직업으로 삼은 사람이 '상인'이다. 상인은 가까운 거리에 있는 마을끼리 물건을 교환하는 것은 물론 수백 킬로미터나 멀리 떨어진 지역에서도 꼭 필요한 중요한 물품을 가져왔는데, 그중 하나가 '흑요석'이다.

돌로 도구를 만들어 쓰던 시대에 흑요석은 귀중한 자원이었다. 화산이 폭발할 때 생겨나는 흑요석을 날카롭게 쪼개 돌칼이나 돌도끼의 날로 사용했다. 흑요석의 성분을 분석하면 이 돌이 어느 지역의 화

기원전 4000~5000년 경 사용한 흑요석으로 만든 도구 (터키 아나톨리아 문명박물관)

산에서 나온 것인지를 알 수 있다. 기원전 6천여 년 전에 사용된 흑요석을 분석해 보니 원래 산지는 흑요석이 발견된 곳에서 수백 킬로미터 떨어진 지역이었다.

또한 메소포타미아 지역*의 기원전 2천~3천여 년 전 유적에서는 코카서스 산맥에서 채굴된 구리, 1500km 떨어진 인도양에 사는 조개의 껍데기, 이란 남부지역에서 생산된 돌그릇 등이 발견되었다. 이는 당시에 이미 멀리 떨어진 지역과 '교역(또는 무역)'이 이루어졌다는 사실을 알려준다. 게다가 이란에서 만들어진 돌그릇은 원산지보다 메소포타미아 중심 지역에서 더 많이 발견되었다. 이 사실은 돌그릇이 처음부터 교역을 목적으로 생산되었다는 것을 알려준다. 아시아 사람들도 오랜 옛날부터 멀리 떨어진 지역에 특산품을 팔았다. 우크라이나 남부에 있는 오래된 유적에서는 기원전 1700~1500년경 중국에서 생산된 비단이 발견되었다.

농촌 지역에 사는 사람들은 대부분 농작물을 스스로 키워 먹었고, 생활에 필요한 물건도 손수 만들었기 때문에 특별히 다른 지역의 물

* 중동의 유프라테스강과 티그리스강 유역으로 현재의 이라크 지방. 두 강 근처의 비옥한 토지에서 인류 고대 문명의 하나인 메소포타미아 문명이 탄생했다.

건이 필요 없었다. 하지만 사막과 농경지의 경계에서는 상업이 발달했다. 특히 거친 땅에서 가축을 키우는 유목민들은 물과 풀을 찾아 여기저기 이동할 때 보석, 귀금속, 털가죽 등을 가지고 다니다가 농경지 근처에서 곡물, 옷감 등과 바꿨다. 또한 구리, 소금, 철, 목재, 물고기 등이 많이 나는 지역의 사람들도 자기 지역의 특산물을 다른 지역의 상품과 교환했다. 한편 손재주가 뛰어난 '장인'들은 여러 물건을 만들어서 팔기도 했다.

상업의 발달

기원전 2천여 년 무렵 상인들은 유럽과 아시아의 여러 지역을 돌아다니며 도끼, 칼, 소금, 털가죽, 귀금속 등의 상품을 팔았다. 그뿐만 아니라 고장 난 도구를 고쳐주거나 다른 물건으로 바꿔 주기도 했다. 온갖 물건을 늘 가지고 다닐 수는 없었기 때문에 상인들은 이용하는 길과 가까운 곳에 창고를 만들어서 재료나 상품을 보관해 두었다가 필요할 때 꺼내서 장사했다.

이 시기에는 돌 대신 청동으로 도구를 만들어 쓰기 시작하면서 '주석'이 중요한 자원으로 떠올랐다. 청동을 만들려면 구리에 적당량의 주석을 섞어야 했기 때문이다. 그런데 메소포타미아 지역에는 주석이 나지 않았다. 그래서 상인들은 유럽 북부의 광산에서 주석을 산 다음 프랑스를 거쳐 육로로 메소포타미아까지 날랐다. 상인은 강과 바닷길을 통해서도 곡물과 구리를 실어 날랐다.

물건을 교환해서 값을 치르던 상인들은 은을 화폐로 사용하기 시작했고, 상업에 돈을 투자하는 금융업도 생겨났다. 메소포타미아 지역에서 발견된 점토판에는 상인에게 은을 빌려주고, 상인이 그 은으로 구리를 사들여 성공적으로 거래를 마치면 원래 투자했던 것보다 더 비싼 가치의 구리를 돌려주는 계약이 기록되어 있다.

물건을 파는 사람은 상품을 담은 용기 마개에 찰흙을 발라 봉한 다음 그 위에 자기만의 도장을 찍었다. 오늘날의 상표처럼 판매한 사람이 품질을 보장한다는 의미이며 도장을 찍은 흙이 온전하다는 것은 상품이 무사하다는 증거였다. 도장 모양은 지역마다 달라서 흙에 찍힌 도장의 무늬만 봐도 어디서 만든 상품인지 알 수 있었다. 메소포타미아에서는 동쪽의 인더스 문명권에서 사용하는 도장이 찍힌 용기가 많이 발견되었다. 이를 통해 멀리 떨어진 지역과도 활발하게 교역했음을 알 수 있다.

상품의 무게를 다는 남자, 아테네식 검은 인물 문양의 암포라

아프리카 북부 나일강 유역에 자리 잡은 이집트에서는 기름진 땅에서 곡물을 수확했고, 채석장에서 건축에 사용하는 큰 돌을

캤으며, 광산에서 구리를 채굴해서 여러 지역에 팔았다. 하지만 나무가 부족했기 때문에 지중해 유역의 페니키아*인들에게서 목재를 수입했다.

상업과 관련된 법률도 자리 잡았다. 기원전 1750년경 바빌로니아의 함무라비 왕이 만든 법에는 돈을 빌려주고 이자를 얼마나 받아야 하는지, 돈을 투자했다가 손해를 보면 누가 배상해야 하는지, 곡물의 양을 잴 때 어떤 저울을 사용해야 하는지 등의 자세한 내용이 담겨 있다. 또한 기원전 1800여 년경에 만든 점토판에는 구매한 광물의 품질이 형편없다고 불평하는 고객의 의견이 새겨져 있기도 했다.

동물을 이용해 먼 곳으로 상품을 나르다

인류는 농사를 짓기 시작하면서 짐승을 기르기 시작했다. 가장 먼저 길들인 동물은 개였다. 기원전 8000여 년경부터는 양, 염소, 돼지 등을 길렀고, 기원전 6000~4000년에는 소와 말, 당나귀처럼 짐을 나르거나 수레를 끌고, 사람이 타고 다닐 수 있는 가축을 길렀다. 상인들이 짐을 나를 때 주로 사용하던 동물은 당나귀나 노새였다.

기원전 1500여 년경 메소포타미아, 이집트 지역에서는 낙타에 짐을 실어 나르기 시작했다. 낙타는 힘이 세서 많은 짐을 실을 수 있었

---

* 기원전 1200년경 오늘날의 레바논, 시리아, 이스라엘 지역에서 발전한 해양 문명

모로코 사막의 카라반, 지금도 사막 지역에서 낙타는 중요한 운송 수단이다.

고, 한번 물을 먹으면 며칠 동안 물 없이도 살 수 있었기 때문에 많은 짐을 가지고 사막을 여행하는 상인에게는 아주 소중한 동물이었다. 수십에서 수백 명에 이르는 상인들이 낙타에 짐을 싣고 무리를 이루어 멀리 교역을 떠나는 '카라반'도 생겼다. 이 상인들은 먼 지역에서 특산품을 사서 메소포타

침묵교역

서로 다른 말을 쓰는 사람들과 교역할 때는 말이 통하지 않아 손짓, 발짓으로 의사를 전달했다. 때로는 '침묵교역'이라는 방법을 이용했다. 상인은 우선 팔려는 물건을 미리 정해진 장소에 쌓아둔다. 그러면 그 물건을 원하는 마을은 물건값으로 치를 금을 상품 옆에 가져다 놓았다. 나중에 상인이 돌아와 금의 양을 살핀 다음 만족스러우면 가지고 떠났고, 마을 사람은 상품을 가져갔다. 그런데 상인이 보기에 놓인 금이 물건의 값으로 충분하지 않으면 금을 가져가지 않았다. 그러면 마을 사람은 조금 더 많은 양의 금을 가져다 두는 식으로 물건값을 흥정했다. 이 침묵교역 방식으로는 언어가 통하지 않는 상태에서 서로 마주치지 않고도 교역을 할 수 있었다.

미아나 이집트의 큰 도시로 가져다 팔았다. 사람이 낙타를 타면 그만큼 상품을 싣지 못하기에 상인은 낙타에 타지 않고 옆에서 걸어갔다. 낙타 덕분에 사람들은 아라비아반도를 가로질러 물건을 사고팔 수 있었다.

고된 장삿길

멀리 물건을 팔러 다니는 일은 고되고 위험했다. 험한 산을 넘는 것 자체도 힘들었지만, 상인이나 여행자를 습격해서 물건을 빼앗고 인명을 해치는 산적을 마주칠 수도 있었다. 바닷길로 배를 타고 가는 것도 위험하기는 마찬가지였다. 좁은 배에 짐을 잔뜩 싣고 많은 사람이 꽉 들어찬 좁은 자리에서 꼼짝 못 했을 뿐 아니라 음식도 형편없고 공기도 잘 통하지 않았다. 풍랑을 만나 배가 침몰하는 일도 자주 있었고, 오랜 항해 중에 전염병이라도 돌면 배에 탄 사람이 모두 죽어 나가도 손쓸 수가 없었다. 바다에도 사람들이 탄 배를 습격하는 해적이 있었으며, 때로는 배의 선원이 해적으로 돌변하기도 했다. 그래서 어떤 상인은 "배를 타고 여행하는 것보다 차라리 뜨거운 사막을 걸어가는 편이 낫다"라고 이야기했다고 한다.

목적지에 무사히 도착하는 것이 다가 아니었다. 상품의 가격은 시시각각 변화하였기 때문에 목숨을 걸고 가져간 상품을 손해를 보고 헐값에 팔아치워야 할 때도 있었다. 카라반은 도시에 도착해서 각자 자기 상품을 들고 뿔뿔이 흩어져 손님을 찾았다. 정해진 가격도 따로 없어서 상인과 손님이 어떻게 흥정하느냐에 따라 같은 물건도 값이 달랐다. 교역은 이렇게 힘들고 위험한 일이었지만, 한번 성공하면 제법 많은 돈을 벌 수 있어서 농사로만 먹고살기 힘든 사람은 계속 도전했다.

그리스와 로마의 상인

지중해를 중심으로 이루어진 교역

지중해는 서쪽으로는 이베리아반도(지금의 스페인)의 지브롤터 해협*에서부터 시작해서 동쪽으로 레반트 지역(오늘날 시리아, 레바논, 이스라엘, 요르단이 있는 지역)에 이르는 바다이다. 북쪽으로는 터키, 그리스, 이탈리아 그리고 남쪽으로는 아프리카 북쪽 대륙과 맞닿아 있다. 지중해는 고대의 중요한 바닷길이었다. 메소포타미아, 이집트, 페니키아, 그리스, 로마, 투르크, 아랍 등 여러 민족이 지중해를 통해 교류했다.

고대 이집트 왕국의 힘이 약해진 기원전 1000년 이후 지중해의 해

---

* 이베리아반도와 아프리카 대륙 사이의 좁은 바다로 서쪽은 대서양, 동쪽은 지중해이다.

지중해와 그 연안의 국가들

상 무역을 주름잡은 것은 페니키아인이었다. 이들은 레반트 해안 지역에 도시를 건설했고, 아프리카 해안을 따라 지중해의 동쪽 지브롤터 해협부터 서유럽까지 이르렀다. 페니키아 상인들은 노예, 도자기, 포도주, 올리브기름을 팔았으며, 지중해의 몰타와 키프로스 섬, 북아프리카의 카르타고와 튀니지 등을 상업의 중심지로 만들었다. 페니키아인은 통일 국가를 세우지 못하고 다른 강대국에 의해 멸망했지만, 그들이 건설한 도시는 그 이후에도 교역의 중심지로 번성했다.

동쪽으로 뻗어나간 고대 그리스의 상업

기원전 8세기경 발칸 반도의 남쪽 그리스에 '폴리스'라고 불리는 도시 중심의 국가가 등장했다. 그리스의 도시 국가는 농사를 지을 만한 땅이 넓지 않았고 밀과 같은 곡물을 기르기에는 토양과 기후가 적합하지 않아 늘 식량이 부족했다. 대신 올리브나무와 포도나무는 잘 자랐기에 올리브기름과 포도주가 이 지역의 특산품이었다. 또 점토를 빚어 만든 도자기도 유명했다. 그래서 이들은 외국에 특산품을 팔고 그 돈으로 이집트나 시칠리아처럼 곡물이 풍부한 지방에서 식량을 사들여야 했다. 그리스 상인들은 지중해 북쪽 해안을 따라 배를 타고 다니면서 물건을 팔았고, 뭍으로는 알프스산맥 너머까지 상품을 가져갔다. 산맥 너머부터는 켈트족 상인이 물건을 넘겨받아 수레에 싣고 유럽 여기저기에 팔았다.

기원전 336년 그리스의 도시 국가 마케도니아의 왕이 된 알렉산드로스는 그리스의 패권을 쥔 다음 동쪽으로 페르시아를 정벌하고 기원전 326년에는 인도에까지 이르렀다. 알렉산드로스가 건설한 도시 알렉산드리아는 이후 수백 년 동안 아라비아, 인도, 중국과 교역하는 중심지가 되었다. 기원전 200년 이후 그리스 상인들도 점차 동쪽으로 진출해서 교역 범위를 넓혔고 기원전 100년, '시지쿠스의 에우독소스'는 이집트에서 출발해서 페르시아만을 거쳐 인도까지 항해했다.

그리스 도시 국가에는 자유민, 메틱스, 노예 세 개의 계급이 있었다. 메틱스는 그 도시의 출신이 아닌 외국인으로서 선거에 참여하지 못하고, 자기 땅을 가질 수 없고, 세금도 더 내야 했다. 그런데 그리스는 국가의 생존이 걸린 식량 수입 같은 중요한 문제를 전부 외국인인 메틱스에게 맡겼다. 그리스인들에게 '부'는 전쟁이나 약탈로 얻는 것이라서 땅을 소유하고 농사를 짓는 것은 귀한 일이지만, 돈을 벌기 위해 장사를 하는 것은 명예롭지 않은 일이었기 때문이다. 그리스는 식량이 부족할 때 성공적으로 식량을 들여온 사람에게는 시민권을 주고 자유민으로 대접하기도 했다.

잘 닦인 로마의 도로를 따라 거래하는 사람들

상인에는 멀리 교역을 떠나 많은 양의 상품을 거래하는 '도매상', 도매상이나 다른 상인으로부터 상품을 사들여 자기 이익을 더한 다음 도시나 마을에서 손님에게 직접 파는 '소매상', 물건을 가지고 이곳저곳을 돌아다니며 파는 '행상인'이 있다.

고대 로마의 도시 폼페이에 남아있는 도로

로마 시대 이전까지는 도매상, 소매상, 행상인의 구분이 없었다. 카라반에 참여한 상인은 도매상으로서 외국 상인과 물건을 거래하다가도 도시에 도착하면 직접 고객에게 상품을 파는 소매상이나 행상인이 되었다. 하지만 로마 시대에 들어와 훌륭한 도로가 만들어지고, 정해둔 장소에서 물건을 파는 '시장'이 발전하면서 도매상과 소매상이 구분되기 시작했다.

로마의 발전에 결정적 역할을 한 것이 '도로'이다. 전성기에는 로마를 중심으로 29개의 도로가 뻗어나갔고, 아프리카에서부터 브리타니아(지금의 영국)까지 로마가 다스리는 땅에는 수백 개의 도로가 놓였다. '모든 길은 로마로 통한다'는 말이 있을 정도였다. 법에 따라 도로의 종류, 넓이, 도로를 만드는 방법이 정해져 있었으며, 도로를 관리하는 공무원이 따로 있었다. 이 도로로 군대가 빠르게 이동했고, 각종 물자의 수송과 교역이 이루어졌다. 로마가 건설한 도로는 지금도 일부 남아있다.

시장과 상점 주인의 등장

그리스에서는 농부들이 한곳에 모여서 농작물을 팔 수 있도록 했다. 그러다 집에서 만든 그릇, 옷감 등을 가지고 와서 파는 사람들이 생겨났다. 어떤 상인은 사람들이 많이 오가는 자리에 탁자를 놓고 그 위에 물건을 전시해서 손님을 끌었다. 사람이 많이 모일수록 더 다양한 상품을 파는 상인들이 모여들었고, 그렇게 시장이 만들어졌다.

시장은 정해진 날짜와 시간에만 열렸는데 보통 오전에만 장사가 허용되었다. 농부는 수확한 농산물이나 길러낸 가축을, 수공업자는 집에서 만든 물건을, 상인은 외국에서 들여온 특산품을 아침나절에 잠깐 팔고 점심때쯤이 되면 다시 자기 일로 돌아갔다.

빵을 담는 바구니를 판매하는 고대 로마의 상인
(폼페이 유적 벽화)

시간이 지나 로마에서는 시장을 온종일 열어 장사하는 것을 허락했다. 그러자 손님에게 물건을 파는 일을 주로 하는 '상점 주인'이 새로운 직업으로 등장했다. 상점 주인은 자기가 만든 물건이나 수확한 농작물을 팔거나, 손님들이 필요로 하는 물건을 도매상으로부터 사들여 판매했다. 로마 제국 시기에는 번화한 길거리 건물의 1층에 가게를 내고 상인은 그 뒤쪽이나 위층에서 생활하는 형태의 상점이 자리 잡았다.

거친 분위기의 로마 시장

로마의 상인들은 장사하기 좋은 자리를 차지하려고 서로 악다구니를 써가며 싸웠다. 건물에 자리한 상점이 늘자 이런 다툼은 줄어들었지만, 손님을 끌기 위한 경쟁은 여전히 치열했다. 상점 주인은 호객꾼을 고용해서 길거리에서 큰 소리로 상품을 선전하고, 때로는 멀리까지 가서 손님을 모아오도록 했다. 호객꾼은 골목길을 막아서서 사람

로마의 시장 풍경 (폼페이 유적 벽화)

들이 반드시 자기 가게 앞을 지나도록 꼼수를 쓰기도 하고, 가끔은 손님을 두고 다른 가게 호객꾼과 주먹다짐도 했다. 상점 주인은 잔꾀를 써서 손님에게 비싼 값을 받는 것을 자랑으로 생각했다. 이처럼 시장은 거칠고, 난폭하고, 속임수가 판치는 곳이라 점잖은 시민, 특히 여성은 발길을 들이지 않았다. 당시에는 직접 농사지은 것을 먹고, 직접 만든 물건을 사용하는 자급자족 사회였기에 꼭 시장에 가야만 하는 것도 아니었다. 부유한 집에서는 사람을 고용하거나 노예를 시켜 장을 보도록 했다.

장사를 하는 노예와 해방 노예

로마에서 상점이나 공방의 주인은 대부분 귀족이나 부유한 로마 시민이었는데 이들에게 '장사'는 체면이 상하는 일이었다. 그래서 주인은 가게 운영을 아예 자기 소유의 노예에게 맡겼으며, 제때 돈만 받으면 마음대로 운영하도록 내버려 두고 가게가 어떻게 운영되고 있는지 자세히 알려고 하지도 않았다.

상점이나 공방의 운영을 맡은 노예는 자기가 부릴 수 있는 다른 노예를 고용할 수도 있었다. 노예 1명이 30~40명의 다른 노예를 고용하는 곳도 있었다. 이 과정에서 조금씩 재산을 모은 노예는 주인에게 돈을 내고 자유를 사서 '해방 노예'가 될 수도 있었다. 해방 노예는 장사해서 큰돈을 벌기도 했고, 교사, 의사 등 전문 직업을 가지기도 했으며, 정부의 관리가 되어 고위직으로 승진하기도 했다. 시장에는 상점 말고도 물건을 맡고 돈을 빌려주는 전당업자, 돈을 빌려주고 이자를 받는 대부업자들이 있었는데 이들도 대부분 해방 노예였다.

로마의 해외 교역과 소매상의 발전

로마 제국이 전쟁이 없는 평화의 시기를 누리던 1~2세기를 '팍스 로마나(Pax Romana, 로마의 평화)'라고 한다. 이 시기에는 해외 교역이 늘어나고 경제가 활기를 띠었다. 상인들은 후추, 비단, 상아와 같은 귀중품부터 가구, 장신구, 무기 등을 세계 각처에서 수입했다.

로마인들이 가장 좋아한 상품은 중국의 비단과 인도의 후추였다. 중국산 비단은 아시아 북쪽 초원 지대와 중앙아시아의 사막을 가로지르고, 레반트의 항구도시와 알렉산드리아를 거친 후 바닷길을 이용해 로마로 수입되었다. 또는 중국 남부에서 배를 이용해 인도로 간 다음 인도에서 바다를 건너 알렉산드리아에 모였다가 로마에 도착했다. 인도산 후추도 이 바닷길을 통했다.

육로든 해로든 교역하는 길을 처음부터 끝까지 다니는 상인은 거의 없었다. 처음 원산지에서 물건을 산 상인은 다음 항구나 도시에서 상품을 팔고, 그 상품을 사들인 상인이 다른 지역에 가서 파는 릴레이식 교역이 이루어졌다. 한 번 사고팔 때마다 상인은 자기 이익을 더해 값을 올렸기 때문에, 비단이나 후추가 로마에 도달하면 그 값이 말도 못 하게 비쌌다. 로마인은 은을 지불하고 후추와 비단을 들여왔고, 유리나 산호 같은 제품을 팔았다. 비단과 후추가 인기를 끌자 어느 로마의 학자는 "사치품 때문에 로마의 귀금속이 씨가 마른다"라고 한탄했다.

　　로마 제국이 성장하면서 도시는 더욱 커지고 인구도 늘어났다. 도시에 사는 사람들은 농촌에서처럼 자급자족할 수 없어서 생활에 꼭 필요한 식품과 옷, 그릇, 포도주, 올리브기름 등을 시장에서 샀다. 상품을 사는 사람이 늘자 소매상과 상점도 많아졌고, 큰돈을 벌어 도시 중심가에 좋은 집을 짓고 사는 부유한 상인도 생겨났다. 하지만 여전히 상인은 사회적으로 인정받지 못하는 2등 시민이었다. 그래도 '밀을 빻아 밀가루로 만들어 파는 일'이나 '벽돌을 만들어 파는 일'은 농업의 일종이라 여겨 이 일을 하는 상인은 어느 정도 대접받았다.

고대 중국의 상인

'상인'의 탄생

중국 최초의 왕조는 '상商'이다.* 약 500여 년간 번성하던 상나라는 기원전 1046년 주나라에 의해 멸망한다. 나라를 잃은 상나라 백성들은 한곳에 자리 잡지 못하고 이리저리 떠돌면서 지역마다 필요한 물품을 구해 서로 바꿔 주는 일을 했다. 이 일을 하는 상나라 사람이 '상인商人', 상나라 사람들이 하는 일이 '상업商業', 상나라 사람이 교환하는 물건은 '상품商品'이다. 상인에는 물건을 가지고 여기저기 옮겨 다니는 '행상行商'과 한 자리에 가게를 열고 장사하는 '좌고坐賈'가 있었다.

---

* 중국은 상 이전에 '하'라는 왕조가 있었다고 주장하나, 아직 역사적으로 인정받지 못한다.

상업과 상인을 천시하는 사람들

농업 중심이었던 주나라 사람들은 이미 망한 상나라의 사람들과 그들이 하는 일을 하찮게 여겼다. 특히 지도층은 상인과 말도 나누지 않았고, 귀족은 시장에 출입할 수 없었다. 시간이 흘러 주나라도 천재지변과 외적의 침입으로 쇠약해지고, 각 지방을 다스리는 제후가 서로 패권을 다투는 춘추 전국 시대가 되었다.

춘추 전국 시대에는 공자와 맹자의 '유가', 노자와 장자의 '도가', 묵자의 '묵가', 한비자의 '법가' 등 사상가와 학자가 무리를 이뤄* 저마다 고유한 가르침을 펼쳤다. 유가와 도가에서는 상인은 농민을 착취해서 이익을 얻으며, 이익을 위해서는 수단과 방법을 가리지 않는 데 비해 농민은 국가의 기둥으로, 일한 만큼 정직하게 거두는 존재라 생각했다. 특히 유가의 시조인 공자는 인간이 마땅히 해야 할 도리를 따르는 '의義'와 자신의 이익을 추구하는 '이利'가 서로 대립하는데, '의'를 추구하는 사람을 '군자' 또는 '대인', '이'를 좇는 사람을 '소인'이라 일컬었다. 맹자는 "왜 하필 이익을 논하는가"라고 왕을 꾸짖으며 "천한 사람들이 시장에서 상품을 독점해 이익을 얻는다"라고 이야기했다. 이처럼 당시에는 상업을 이익을 추구하는 소인배가 하는 일로 보았다.

* 이들을 통틀어 '제자백가'라고 한다.

상인 출신 정치가, 관중과 여불위

이처럼 천시를 받는 상인 출신의 뛰어난 정치가도 있었다. 관중(기원전 725?~기원전 645)은 제나라를 다스리는 환공(기원전 720~기원전 643)을 도와서 상공업을 발전시키고 나라를 부강하게 만들었다. 길을 따라 30리(약 176km)마다 식사와 잠자리, 말 먹이를 제공하는 객잔을 설치해서 상인이 편하게 이동하도록 했고, 수도에는 상인을 대상으로 하는 술집을 열었다. 당시에는 나라마다 상인이 국경을 넘을 때 내는 세금과 시장에서 물건을 팔 때 내는 세금이 달랐다. 관중은 다른 나라 제후들과 협력해서 이 세금을 통일했다. 관중의 정책에 힘입어 제나라는 강대국이 되었다.

여불위(?~기원전 235)는 전국 시대 위나라 출신 상인으로, 보석 장사로 큰돈을 벌었다. 그는 조나라에 장사하러 갔다가 조나라에 인질로 잡혀있던 진나라의 왕자를 도왔다. 훗날 이 왕자가 진나라의 장양왕이 되었으며, 여불위는 귀족 자리에 올라 진나라의 최고 권력을 장악했다. 그는 훗날 장양왕의 아들 영정(진시황)이 중국을 통일하는 기초를 다졌다.*

---

* 하지만 너무 큰 권력을 가져 왕의 눈 밖에 난 여불위는 반란을 일으키려 했다는 죄로 스스로 목숨을 끊었다.

한나라의 사농공상

기원전 221년 진나라의 영정은 중국을 통일하고 시황제가 되었다. 진시황은 부유한 상인이 혹시라도 자신에게 반대하는 세력을 도울까 봐 가족을 인질로 잡는 등 상인의 활동을 제한했다. 학문을 탄압하고 가혹하게 백성을 착취했던 진시황이 죽자 사방에서 반란이 일어나 진나라는 금방 멸망했다.

진나라의 뒤를 이어 중국을 통일한 한나라는 '유학'을 나라의 근본으로 삼았다. 유학에서는 '농사짓는 사람을 천하의 으뜸'이라 생각했고, 사람의 직업을 공부해서 관리가 되는 '사士', 농사짓는 '농農', 물건을 만드는 '공工', 장사하는 '상商' 순으로 귀하게 여겼다. 상인은 혹시나 자기 이익을 위해 나쁜 짓을 하지는 않는지 늘 감시받는 대상이었다.

한나라에서는 상인 집안에서 태어났다면 관리가 될 수 없었다. 또한 16~60세 남성에게 땅을 나눠주고 농사를 짓게 했는데, 이때도 상인은 땅을 받지 못했다. 나라 살림이 어려울 때는 관직을 팔기도 했는데, 상인은 돈을 내도 관직을 살 수 없었다.

무제 때는 부족한 나라 살림을 보충하기 위해 소금과 철을 국가에서 독점해서 판매했고(염철전매), 상인들은 소금과 철에 손댈 수 없었다. 그러나 유학의 가르침에 따르면 생활에 꼭 필요한 물건을 국가에서 백성들에게 팔아 이익을 보는 것은 터무니없는 짓이었기에 많은 학자가 이에 반대했고, 결국 염철전매 제도는 없어졌다. 하지만 이어서 지방의 세력가들이 소금과 철 판매를 독점했다. 이처럼 권력을 이용해서 상업을 독점한 세력가는 어마어마한 부자가 되었다.

상인으로 성공한 사람들의 이야기도 다룬 『사기』

한나라의 사마천(기원전 145?~기원전 86?)은 역사책 『사기史記』 중 '화식열전'*에서 상인으로 성공한 사람들의 이야기를 소개했다. 사마천은 농업뿐 아니라 상업, 공업, 임산업 모두 중요하다고 생각하며

『사기』에 등장하는 상인, 도주공 범려와 자공

범려(기원전 517~?)는 춘추 전국 시대 월나라 왕 구천을 도와 오나라를 멸망시킨 유명한 정치가이다. '월왕세가'에 따르면 범려는 오나라가 멸망한 후 재상 직위를 버리고 멀리 떠나 '도주공'이라는 이름의 상인이 되어 큰돈을 벌었다. 그는 자기 재물을 가난한 친척과 이웃들에게 아낌없이 나눠 주었으며, 훗날 중국 상인들이 이상으로 삼는 인물이 되었다.

자공(기원전 520~기원전 456?)은 공자의 제자로 유학을 공부하는 학자였다. 그러나 그는 관직을 그만두고 장사에 뛰어들어 부를 쌓았으며, 이 돈으로 공자의 활동을 지원했다. 「중니제자열전」에 자공은 "싸게 사서 비싸게 파는 것을 좋아해 재물을 불려갔다."라고 기록되어 있다.

* '화식'이란 재물(화)이 자란다(식)는 의미로, 화식열전은 부를 쌓은 사람에 관한 이야기이다.

부유해지려는 것을 인간의 자연스러운 욕망으로 인정했다. 그러나 다른 유학자들은 화식열전이 '인仁'과 '의'를 가볍게 여기고, 권력과 이익을 떠받들고, 가난을 수치로 여기게 한다고 비난했다.

고대 우리나라의 상인

고대 상업의 흔적

우리나라 선사시대의 상업 활동 흔적은 석기 시대의 귀중한 자원인 흑요석에 남아 있다. 우리나라의 흑요석은 백두산에서 나오는데, 이 백두산 흑요석이 경기도, 충청도, 전라도, 경상도 지역에서 발견되었다. 백두산에서 700~800km 떨어진 대구시 남구 월성동의 구석기 시대 유적에서 백두산 흑요석이 발견된 것이나, 울산이나 사천 등 동남부 해안지역에서 일본이 원산지인 흑요석이 발견된 것을 보면 한반도에서도 오래전부터 원거리 교역이 이루어졌음을 알 수 있다. 또한 고조선 시대의 법률 8조법금에 "남의 물건을 훔친 자는 데려다 노비로 삼으며, 속죄하고자 하는 자는 1인당 50만 전을 내야 한다"라는 조항을 보면 화폐를 이용한 거래도 활발했을 것이다.

대구 월성동유적 백두산 흑요석 (국립대구박물관)

평안북도 위원 용연동 유적에서 발굴된 명도전(붉은 사각형) (국립중앙박물관)

대구 월성동유적의 위치와 구석기시대 흑요석 네트워크 (국립대구박물관)

고조선은 '자모전*'이란 화폐를 만들어 사용했다. 또한 고조선은 중국 산둥반도의 제나라와 교역했는데, 고조선 유적지에서 발굴된 '명도전**'은 고조선과 중국이 활발하게 교류했다는 증거이다.

---

* 실제 발견된 적은 없고, 18세기 역사책에 기록이 남아 있다.

** 춘추 전국 시대에 중국에서 사용된 동전으로 칼 모양으로 생겼다. 명도전이 고조선의 화폐라고 주장하는 소수의 학자도 있다.

삼국 시대의 시장

고구려의 시장과 상인에 관한 기록은 남아 있지 않다. 하지만 『삼국사기』의 「온달전」을 보면 온달은 "떨어진 옷을 입고 해어진 신발을 신은 채 시장을 돌아다녔고" 평강공주는 온달에게 "시장 사람들의 말을 사지 말라"고 했다. 이를 통해 고구려에는 번화한 시장과 상인이 있었을 것이라고 추측할 수 있다.

백제에는 시장을 설치하고, 상품 판매 규칙을 만들고, 물품 가격을 조정하고, 거래의 다툼을 해결하는 관청인 '도시부'가 있었다.

신라는 490년 나라에서 시장을 만들어 각 지방의 상품을 거래하도록 했다. 509년에는 경주에 '동시(동쪽 시장)'를 만들었으며 695년에는 '서시(서쪽 시장)'와 '남시(남쪽 시장)'도 세웠다. 각 시장을 관리하는 관청이 있어 물건 가격을 조정하고, 상인들이 길이나 무게를 속여 팔지는 않는지 감독하며, 상인들 간 또는 상인과 손님 간의 다툼을 해결하기도 했다.

고대부터 활발했던 해외 교역

우리나라는 삼국 시대부터 여러 나라와 교역했다. 고구려는 중국에 금, 은, 말, 활 등을 수출하고 비단을 수입했다. 백제는 중국뿐 아니라 일본과도 활발히 교역했다. 비단, 무기, 철물, 약재, 불경 등을 일본에 수출했고 말과 옷감을 사들였다. 신라는 한강 유역을 차지한 후 중국의 산둥반도 지역과 교역을 시작했는데, 9세기 이후에는 중국 장쑤성 해안지역에 '신라방'이라는 마을을 만들고, 산둥성에 신라 사람들의 절인 '법화

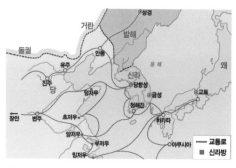

삼국시대 신라의 교통로와 신라방

원'을 세울 정도로 활발히 교류했다. 특히 신라인으로서 중국 군대에 근무했던 장보고는 우리나라 서해안과 남해안의 해적을 퇴치한 후 해상 교역의 중심지인 청해진(지금의 완도)에 기지를 세우고 우리나라와 중국, 일본의 해상 교역을 지배했다.

장도, 일명 장군섬, 장보고 대사가 설치한 청해진의 본진이 있었던 곳 (완도군청)

전 세계적으로
교역하는
중세 상인

중세의 상인은 사회적으로 지위가 낮았고 여러 위험을 감수하며 교역길에 올라야 했지만 운 좋게 성공하면 큰 돈을 벌 수 있었다. 상인의 지위는 종교와 사회의 시선에 따라 변화하였으며, 상인들은 서로의 권리를 보호하기 위해 길드를 만드는 등 힘을 모았다. 동아시아에서는 국가 단위로 교역이 이루어졌으며, 과거 농업 중심 사회에서 천시받던 상인들도 점차 인정받기 시작하여 그 지위가 올라가기 시작했다.

중세 유럽과 이슬람의 상업

위축된 중세 유럽의 상업

476년 서로마 제국이 멸망한 이후 약 1000년 간 서양은 중세에 접어든다. 중세 초기 상인들은 여러 가지 이유로 어려움을 겪었다. 우선 로마 제국이 힘을 잃어가면서 유럽 각국을 이어주던 도로의 관리가 소홀해졌다. 관리되지 않은 도로는 여기저기 끊어져서 사라져갔고 그나마 남아 있는 도로도 황폐해져서 상인이 많은 짐을 가지고 이동하기에 힘들었다.

울창한 숲속이나 고갯길에는 여행자를 노리는 산적이 날뛰었고 바닷길에도 해적이 들끓었다. 게다가 유럽에 작은 왕국이 여럿 생겨나면서 먼 길을 오가는 상인들은 각 국경을 지날 때마다 통행세를 내야했다. 독일에서 이탈리아로 장삿길을 떠난 상인은 알프스 근처에서

만 무려 10군데가 넘는 세관에 통행세를 냈다고 한다. 또한 지역마다 상품의 크기나 무게를 재는 방법, 수입 금지 상품, 상업 규칙 등이 제각기 다른 어려움도 있었다.

무법자 취급을 받은 상인

중세 유럽은 봉건제 사회였다. 지역을 다스리는 영주, 영주의 보호 아래서 농사를 짓는 농민, 기독교 성직자가 봉건제 사회를 이루었다. 사람들은 대부분 자기가 태어난 마을에서 평생을 살았고, 멀리 여행하는 일은 아주 드물었다.

이런 시기에 돈을 벌기 위해 이 마을 저 마을을 떠도는 상인은 사회에 적응하지 못하고 떠도는 그릇된 존재, 근본 없는 사람, 법과 규칙을 따르지 않는 '무법자'로 여겨졌다. 게다가 교회는 사람이 태어날 때 받은 신분대로 겸손하게 열심히 살아야 한다고 가르치며 많은 이익을 얻기 위해 노력하는 사람을 비난했다.

교역은 고된 일이었다. 황무지와 거친 산악을 오랫동안 가로질러야 했고, 도적의 습격으로 물건을 빼앗기고 목숨을 잃기도 했다. 한번 장사를 떠나면 몇 년씩 집에 돌아오지 못하기 일쑤였고, 운 좋게 큰돈을 벌어도 남들과 같은 생활을 하기는 어려움이 있었다. 그래서 주로 가진 재산이나 농사 지을 땅이 없는 사람, 좋은 지위를 얻을 만큼 교육받지 못하고 아무 연줄도 없는 사람이 상인이 되었다.

지중해 교역을 장악한 이슬람 상인

이슬람교를 세상에 널리 퍼트린 예언자 무함마드(570?~632)는 상인 출신이었다. 무함마드는 태어나기 전에 아버지가 돌아가셔서 삼촌의 손에서 자랐는데, 아버지와 삼촌 모두 상인이었다. 무함마드는 부유한 여성 상인 '카디자'에게 고용되어 그녀의 대리인으로서 사업을 운영했다. 그는 훗날 카디자와 결혼했는데, 이슬람교를 알리는 데 카디자의 힘이 큰 도움이 되었다. 무함마드가 한 말과 행동을 기록으로 남긴 책으로 이슬람교에서 『꾸란』 다음으로 중요하게 여기는 『하디스』에는 상인에 관해 아래와 같은 내용이 담겨 있다.

> "사는 자와 파는 자가 (중략) 진실을 말하고 서로에게 물건의 흠에 관해 이야기를 나누면 거래에 축복이 임할 것이나 숨기는 것이 있고 거짓을 말하면 거래의 축복이 사라진다."

이슬람은 655년에는 지중해 동부를 점령해서 유럽과 인도, 중국으로 이어지는 교역로를 차지했다. 이후 몽골의 침입, 페스트의 유행 등으로 이슬람의 세력이 약해지기는 했지만 16세기 초까지 수백 년 동안 지중해를 통한 유럽의 장거리 교역은 이슬람이 장악했다.

중국과 무역을 하는 상인은 바그다드에서 광저우까지 여행했다. 이 여행에는 최소 5개월이 걸렸으며, 기후가 좋지 않거나 다른 사정

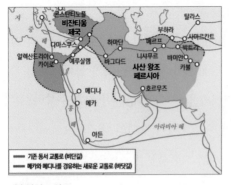

이슬람의 교역로

이 생기면 1년도 더 걸렸다. 이슬람 상인은 중국에 구리, 상아, 향료, 별갑* 등을 팔았고 중국으로부터 비단, 도자기, 백단향, 향신료 등을 사들였다. 이슬람 상인은 중국을 지나 우리나라와 일본까지 왔다. 아프리카와 아시아 연안을 항해하는 상인은 물이나 식량을 구하기 위해 들른 마을을 습격해서 원주민을 잡아 다른 나라에 팔아넘기기도 했다. 『아라비안나이트』** '신드바드 이야기'의 주인공 신드바드는 여러 곳에 토지와 창고를 가진 부유한 상인이자 선원으로 일곱 번의 항해를 하는데, 당시 이슬람 상인의 모습을 잘 보여준다.

＊　자라의 등딱지를 떼어 말린 것으로 한약재로 사용된다.

＊＊　중동 지역에서 전해오는 이야기를 모아 놓은 책. 당시 이슬람의 신앙과 문화, 생활을 알려주는 280여 편의 이야기가 실려 있다. 영화로도 여러 번 만들어졌다.

바다를 건너게 한 힘, 계절풍

바다와 육지의 온도 차이, 대기권 상층의 대기 흐름, 지형의 차이 등 여러 복잡한 이유로 겨울에는 육지에서 바다로 바람이 불고, 여름에는 바다에서 육지로 바람이 분다. 이처럼 계절에 따라 부는 바람을 '계절풍' 또는 '몬순(monsoon)'이라고 한다. 인도양을 건너는 이슬람 상인들은 계절풍을 이용해서 겨울에 페르시안 만에서 인도 남부로 항해했고, 여름이 되면 돌아왔다. 바람을 이용해서 한 번에 최대한 멀리 항해하고, 그 지역에 머물면서 교역을 하다가 계절이 바뀌고 바람의 방향이 바뀌면 그때 다시 돌아오는 것이다. 우리나라에서도 중국과 교역할 때 계절풍을 이용했다.

카라반을 이끄는 바시

육지에서는 카라반을 만들어 교역했다. 상인들은 카라반에서 가장 존경받는 사람을 '바시'로 삼았다. 바시는 가는 길이 안전한지, 여행 도중에 물을 구할 수 있는지, 어느 마을에 들려 식량을 보충할지 등을 자세히 따져 여행길을 정했고, 산적 두목에게 미리 돈을 건네서 카라반을 습격하지 않도록 달래는 등 교역의 성공을 위한 모든 일을 했다. 바시의 권위는 배의 선장과도 같아서 협조하지 않는 상인을 카라반에서 쫓아낼 수도 있었다. 카라반에서 쫓겨나면 교역은 둘째치고 무사히 살아 돌아가기도 힘들었기 때문에 상인들은 바시의 명령을 잘 따랐다. 1년에 1~2개의 카라반만 교역에 성공해도 도시 경제가 좋아

모로코에 도착한 카라반 (에드윈 로드 윅스, 19세기)

졌기 때문에 바시는 매우 중요한 인물이었다. 이슬람 지역에서 카라반은 수백 년간 번성했고, 나중에는 유럽에서도 이를 따라 했다.

다시 부흥하는 유럽의 상업, 길드의 탄생

중세 초기에 쇠퇴했던 유럽의 상업은 10세기 이후 다시 활기를 띠었다. 비단과 향료 같은 동양의 상품이 비잔티움 제국을 거쳐 이탈리아 북쪽 항구로 모였고, 그곳에서 다시 유럽 각지로 퍼져나갔다. 큰 도시에는 상설 시장과 '무역전시회'가 열렸으며, 시장 근처에는 다른 지방에서 온 상인들이 쉴 수 있는 숙박시설과 음식점, 술집 등이 생겨났다. 유럽 상인들은 큰 강을 운행하는 페리선을 이용해서 내륙지방의 도시로 물건을 실어 날랐다.

11세기 무렵부터 상인, 무역업자, 전문 기술을 가진 장인들이 이익

과 권리를 보호하기 위한 모임 '길드'
를 만들었다. 길드에서 보호하는 교역
로는 동일한 규칙과 통행료를 적용하
고, 길을 이용하는 사람들이 목적지까
지 안전하게 도착할 수 있도록 하여
특히 상인에게 인기가 많았다.

중세 길드를 상징하는 심벌

르네상스 시대의 상인과 시장

14세기 무렵 이탈리아를 시작으로
고대 그리스 · 로마의 문화를 되살리
고 개인의 삶을 풍부하게 하려는 '문예 부흥 운동', 다른 말로는 '르네
상스'가 일어났다. 이 시기 유럽은 교역이 활발해지고 도시가 성장했
다. 도시 사람들은 다양한 상품을 필요로 했고, 이를 공급하는 상인은
다시 중요해졌다. 큰 도시에 많은 인구가 모여 살게 되자 상인은 더
이상 고객을 찾으러 여기저기를 떠돌지 않고 도시 번화가에 가게를
열어 찾아오는 손님을 맞이했다.

하지만 장사가 항상 성공한다는 보장이 없어서 상인이라고 오로지
상업에만 의존하지는 않았다. 상인은 농번기에는 농사를 짓고, 농사
일이 한가한 계절이나 큰 시장이 열릴 때만 가게를 열었다. 물건을 만
드는 공방을 겸하는 경우도 많았다. 부유한 상인은 도시 주변의 땅을

사고파는 부동산업을 하거나, 사람들에게 돈을 빌려주고 이자를 받는 대금업을 했다. 상인 길드와 몇몇 부유한 상인 집안이 도시의 가게 대부분을 사들여서 세를 줬는데, 1303년 영국의 빵집 53개 중에서 빵집 주인이 소유한 가게는 7개밖에 없었다고 한다.

가게를 운영하는 상인들은 도매상에게 상품을 구매해서 팔기도 했지만 직접 상품을 만들거나 장인이나 기술자를 고용해서 만든 물건을 팔기도 했다. 이런 가게는 보통 아침부터 저녁까지 8~10시간 문을 열고, 해가 진 다음에는 문을 닫고 가게에 딸린 작업장에서 나중에 팔 물건을 만들었다. 낮 동안 가게 안에서 물건을 만들기도 했는데, 손님이 들어오면 주인이나 기술자는 하던 일을 멈추고 판매 사원으로 변신했다. 그러다 손님이 가게를 떠나면 다시 각자 작업 테이블로 돌아가 하던 일을 계속했다.

상점은 많은 손님을 끌기 위해 서로 치열하게 경쟁했다. 때로는 다른 가게에 손님인 척하고 가서 물건을 고르는 손님을 꼬드겨 자기 가게로 데려가기도 했다. 종종 도를 넘은 경쟁은 싸움으로 번졌다. 그래서 큰 도시에서는 아예 다른 가게의 손님을 데려가지 못하게 하는 법을 만들기도 했다.

중세 유럽의 시장 (니콜 오렘, 15세기)

시장에는 같은 종류의 상품을 취

급하는 상인이 모인 '곡물 구역', '가죽 구역', '포도주 구역' 등이 있었다. 거리 이름을 그 거리에서 파는 대표적인 상품 이름을 따서 부르기도 했고, 가게 주인은 자기들이 파는 상품을 가족의 '성last name'으로 삼기도 했다. 예를 들어 프랑스의 푸아티에

14세기 상퍄뉴 시장이 열리는 것을 축하하는 주교 (교황청 세노넨세, 14세기)

Poitiers라는 성은 그릇pot에서, 펠레티에Peletier라는 성은 모피fur에서 왔다.

귀족이나 점잖은 신사는 아주 비싼 물건을 살 때가 아니면 상점에 가지 않았으며 귀부인이나 숙녀는 절대로 직접 상점을 찾지 않았다. 비단, 고급 천, 향료 등 귀중품을 파는 상인은 미리 약속을 정해 물건을 가지고 손님 집을 방문했고 식료품, 소금, 주방용품 등 생활필수품은 하인을 보내 샀다. 돈이 많은 상인은 지배인을 고용해서 상점 운영을 맡기고 자신은 외국의 큰 도시를 돌아다니며 돈을 더 벌 수 있는 품목을 찾았다.

막강해진 상인 길드와 동맹

오래전 로마나 비잔티움 제국에도 다양한 형태의 상인 모임이 있

었으며, 이 중 일부는 10세기 무렵까지도 이탈리아의 항구도시에 남아 있었다. 이 모임은 같은 직업의 사람들끼리 친분을 도모하는 일종의 사교클럽이었다. 인도나 중국, 중동에도 상인들이 만든 조합이 있었는데, 이곳에서는 해외 무역 규칙을 정하고 수출이나 수입량을 조절하는 일을 했다.

반면 중세의 상인 길드는 조합원들에게 강력한 규칙을 따르게 했고, 정부의 간섭에서 벗어나 이득을 얻도록 서로를 보호했다. 길드는 종업원에게 주는 임금, 일을 배우는 도제의 수련 조건과 기간, 상인이 지켜야 하는 규칙을 정했을 뿐 아니라 상품의 표준도 만들었다. 상인과 기술자는 길드가 정한 상품의 무게나 크기, 품질 기준을 지켜야 했다.

독일 힐데스하임의 도살업자 길드 건물 그림. 제2차 세계 대전 때 파괴되었으나 현재 복원되어 있다. (아드리안 반 오스타데, 17세기)

길드는 때때로 가게나 공방에 '검사관'을 보냈다. 검사관은 푸줏간에서 파는 고기에 이물질이 들어가 있지는 않은지, 옷 가게에서 오래된 천으로 옷을 짓지는 않는지, 보석상에서 유리로 가짜 보석을 만들어 팔지는 않는지, 향신료에 소금이나 설탕을 넣어 양을 부풀리지 않는지, 초를 만들 때 밀랍의 양이 모자라지는 않는지 등 상품의 품질을 검사했다. 만일 규칙을 어긴 상인이 발각되면 길드는 이들을 공개적으로 비난하고 큰 벌금을 물렸다.

이처럼 르네상스 시기 유럽의 길드에게는 이전에는 없었던 권력이 있었다. 길드 회원이 아니면 도시에서 장사하는 것이 불가능할 정도였다. 대신 한번 길드에 가입하면 다른 상인과 치열하게 경쟁할 필요 없이 모두 같은 조건에서 장사할 수 있었다. 길드에 가입한 상인은 주요 도시의 경제적 권리를 손에 넣었고, 더 나아가 정치적으로도 힘을 얻었다. 벨기에 북부의 플랑드르 지역 상인 길드는 도시의 지배 계층이 되었으며 이탈리아, 프랑스, 북부 유럽의 여러 도시에서는 길드가 왕이나 귀족의 권력을 대신했다. 프랑스의 필립 4세는 상인 길드의 권력을 빼앗으려 시도했는데, 이에 상인들은 왕에 대항해서 반란을 일으켰다.

외국과의 교역도 활발해졌는데, 동양과의 교역은 이탈리아의 주요 항구도시인 제노바, 베니스, 플로렌스(오늘날 피렌체)의 길드가 장악했다. 또한 여러 도시의 길드가 동맹을 맺고 다른 지배 계층보다 더 넓은 지역에 영향력을 미치기도 했다. 독일 발트해 연안의 도시 뤼베크, 함부르크, 단치히 등을 시작으로 90개 도시의 길드가 연합해서 '한자 동맹'을 만들었다. 이들은 서로 무역 협정을 맺고, 교역 특권을

1497년 함부르크 선박법 표지에 실린 뤼베크와과 함부르크 사이의 동맹 체결 그림
(오른쪽)과 엘빙(오늘날 엘블라크)의 한자 동맹 인장(왼쪽)

나눠가지며 서로를 보호했다. 동맹 내에서도 규칙을 지키지 않으면 엄격하게 제재했다. 한자 동맹에는 플랑드르와는 교역하지 말라는 규칙이 있었는데 독일의 브레멘이 이 규칙을 어기자 한자 동맹의 모든 도시가 브레멘과 교역을 중지했고, 이 제재는 무려 30년간 계속되어 브레멘은 궁핍에 시달렸다. 브런즈윅이라는 독일의 다른 도시는 한자 동맹의 제재에서 벗어나기 위해 도시의 지도자 10명이 동맹 본부가 있는 뤼베크까지 걸어가 무릎을 꿇고 빌어 간신히 용서받았다.

높아진 상인의 지위, 힘을 얻은 상인 가문

상인은 더 이상 노예, 해방 노예, 땅이나 재산이 없는 가난한 사람이 어쩔 수 없이 택하던 직업이 아니었다. 상인은 사회·정치적으로 더 큰 목소리를 내게 되었으며, 아버지가 아들에게 대를 이어 물려주는 귀한 직업이 되었다. 이들은 도시를 지배했고 황제와 왕에게도 돈을 빌려주었다. 만일 상인이 돈을 빌려주지 않으면 왕은 비용 문제로 전쟁도 마음대로 일으키

안경을 판매하는 상인

지 못했다. 교회에서도 상인이라는 직업을 더욱 인정해 주면서, 부유한 상인은 하늘에서 그 역할을 내려준 것이기 때문에 자식이 그 직업과 재산을 물려받는 것이 당연하다고 이야기했다.

상인들은 부유한 상인 가문 아래로 들어가 장사했다. 장사로 돈을 버는 것도 태어나면서부터 가지고 있는 권리처럼 여겼기 때문에 이미 자리를 잡은 상인에게 도전하는 사람은 인정하지 않았다. 그래서 장사를 막 시작한 가난한 농부 집안의 사람은 가게가 없는 지역을 골라 행상으로 떠돌거나 가난한 동네의 길거리에 좌판을 벌이고는 했다.

종교 개혁과 상인 가문, 길드의 약화

16세기 기존 교회에 반대하며 교회를 바꾸려는 '종교 개혁'이 일어났고, 기독교는 가톨릭과 개신교로 나뉘었다. 가톨릭교회는 인간의

사회적 지위가 태어날 때 정해지고, 그 신분에서 본분을 다해야 한다고 가르쳤다. 그러나 개신교에서는 인간은 스스로 자신의 환경을 개선해서 발전할 수 있고, 하늘의 은총과 구원은 교회를 거치지 않고 신으로부터 직접 온다고 주장했다. 이런 믿음은 북유럽에서 크게 번졌고, 가난에서 벗어나고자 하는 사람들은 다시금 상업에 뛰어들어 성공을 거두기 시작했다. 이들이 세력을 키우는 만큼 부유한 상인 가문의 힘은 점차 줄어들었다.

길드와 도시가 더 성장하며 길드의 문제점도 드러났다. 도시의 인구가 늘어나자 필요로 하는 상품도 많아졌고, 길드 회원만으로는 필요한 상품을 충분히 공급하지 못하게 되었지만 그래도 길드는 회원 수를 늘리지 않았다. 그러자 농민이나 가난한 사람들이 작은 가게를 열고 장사에 뛰어들어 길드 회원과 경쟁하기 시작했다.

길드 회원은 비싸지만 품질 좋은 물건을 만들어 부잣집에 파는 데 익숙했다. 그들은 값싼 물건을 만드는 일이 자신의 품위를 낮춘다고 생각했고, 가게에서도 늘 찾아오는 믿을 만한 단골만 환영했다. 물건도 미리 만들어 두지 않고 주문이 들어오면 그제야 만들었기 때문에 손님들은 물건을 받아보기까지 시간이 걸렸다.

그런데 새롭게 도시에 올라온 사람들은 생활에 필요한 싸고 실용적인 상품을 원했다. 그들에게는 몇 달 동안 공들여 만든 의자보다 일주일에 10개씩 만들 수 있는 싸구려 의자가 필요했던 것이다. 변화하는 환경을 따라가지 못한 길드 세력은 점점 약해졌고, 고객의 요구를 맞춰 주는 작은 가게들이 성장했다.

대항해 시대가 열리다

동양으로 가는 새로운 교역로

로마 시대부터 동양에서 들여온 육두구, 메이스, 정향, 후추 등의 향신료는 비싼 값에도 불구하고 유럽에서 큰 인기를 끌었다. 향신료는 인도 → 페르시아만 → 수에즈 → 알렉산드리아 → 이탈리아를 거쳐 유럽 각지로 팔려나갔으며, 향신료 교역을 장악한 이탈리아 북부의 베네치아는 유럽에서 손꼽히게 부유한 나라가 되었다. 유럽의 상인들은 중간에 이슬람과 베네치아 상인을 끼지 않고 아시아에서 직접 향신료를 사 오고 싶어 했다. 중간 상인이 없으면 돈을 훨씬 많이 벌 수 있기 때문이었다. 그래서 15세기부터 많은 모험가, 선원, 상인이 앞다투어 아시아에 이르는 새로운 바닷길을 개척했다.

바닷길 개척에 앞장선 나라는 13세기 중반 이베리아반도에서 이슬람을 몰아내고 나라를 세운 포르투갈이었다. 포르투갈의 왕자 엔히케는 1418년 이후 아프리카 서해안을 탐험하기 시작했고, 바르톨로메우 디아스는 1487년 아프리카 남쪽 끝 희망봉(케이프타운)*을 발견했다. 희망봉은 아시아로 가는 바닷길의 중요한 이정표로 희망봉을 돌면 아프리카 동쪽 해안으로 나갈 수 있었다.

1497년에는 바스쿠 다 가마가 4척의 배를 이끌고 포르투갈을 떠난 지 10개월 만에 희망봉을 돌아 인도 캘리컷에 도착해서 동양으로 가는 새로운 바닷길을 열었다. 그는 캘리컷에서 후추, 계피, 정향을 사 1499년 포르투갈 리스본으로 돌아왔다. 바스쿠 다 가마는 가져온 향신료를 팔아 여행에 든 비용의 60배가 넘는 돈을 벌었다.

이후 포르투갈은 인도로 함대를 여러 차례 보냈다. 이들은 아프리카와 인도에서 이슬람 배를 약탈하고 현지인들과 전투를 벌이는 등 난폭한 행동으로 악명을 남기기도 했다. 바스쿠 다 가마가 항로를 개척한 이후 베네치아의 향료 무역은 1/4로

바스쿠 다 가마

* 아프리카 대륙 남서쪽 끝, 바다로 뾰족하게 뻗은 육지

희망봉과 바스쿠 다 가마가 인도로 간 항로

줄어들었으며, 포르투갈은 더 동쪽으로 진출해서 16세기에는 마카오에 근거지를 만들어 중국, 일본과 교역했다.

신대륙의 발견과 세계 일주

서쪽으로 바다를 건너 인도에 가려는 탐험가도 있었다. 이탈리아 출신 선원이자 지도제작자인 크리스토퍼 콜럼버스는 지구가 둥글기 때문에* 서쪽으로 계속 항해하면 인도에 도착할 것이라고 믿었다.

포르투갈의 수도 리스본에 살던 콜럼버스는 자신의 항해를 지원해 달라고 먼저 포르투갈 국왕을 설득했지만 실패했다. 콜럼버스는 대신 스페인 이사벨라 여왕으로부터 후원을 받아 1492년 8월 팔로스

* 당시에 이미 지구가 둥글다는 사실은 알려져 있었다.

항구를 출발해서 그해 10월 중앙아메
리카의 바하마 제도 산살바도르 섬*
에 도착했다. 그는 자기가 도착한 곳
이 인도라고 생각해서 원주민을 인
디언이라 불렀지만, 실제로는 인도가
아닌 아메리카 대륙이었다. 콜럼버스
의 성공적인 항해 이후 자기 처지에
불만을 가진 사람, 모험을 꿈꾸는 젊

크리스토퍼 콜럼버스

은이, 실업자, 물려받을 재산이 없는 귀족, 도망자 등이 일확천금을
꿈꾸며 신대륙으로 향했다.

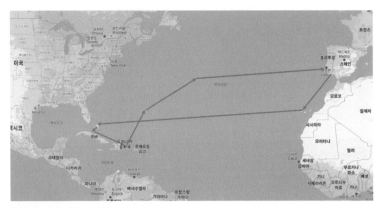

콜럼버스의 신대륙 도착 항로

* 산살바도르라는 이름은 콜럼버스가 붙였다.

페르디난드 마젤란

스페인 탐험가인 페르디난드 마젤란은 1519년 5척의 배를 이끌고 서쪽으로 항해했다. 마젤란의 함대는 아메리카 대륙의 남쪽 해협을 지나 태평양을 횡단해서 1522년 다시 스페인으로 돌아왔다. 다섯 척의 배 중 빅토리아호 한 척만 무사히 돌아왔고, 떠날 때 270명이었던 선원은 21명으로 줄어있었다. 마젤란도 필리핀의 막탄섬에서 원주민과 싸우다 목숨을 잃어 돌아오지 못했다. 빅토리아호는 인도네시아 말루쿠 제도에서 구한 정향을 가지고 돌아갔는데, 이 향신료를 판 돈은 항해 3년 동안 든 모든 항해 비용을 갚고도 남았다고 한다.

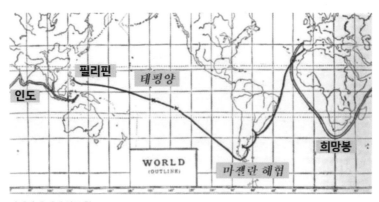

마젤란의 세계 일주 항로

지중해를 넘어 교역하다

지중해를 중심으로 이루어지던 국제 교역은 유럽, 아프리카, 아메리카로 범위가 넓어졌다. 포르투갈은 아시아로부터 비단과 향신료를 들여왔다. 스페인은 남아메리카에서 엄청난 양의 금과 은을 실어 날랐고, 설탕이나 커피 같은 새로운 식품도 들여왔다.

기존 길드 회원들은 새로운 기회를 잡지 못하고 기존의 내륙 도시 간의 교역에만 집착했다. 하지만 새로 등장한 상인들은 배를 타고 먼 바다를 건너 교역에 참여했고, 이들이 가져온 새로운 상품이 유럽에 넘쳐났다. 작은 규모의 상점을 가진 상인들은 돈을 빌려서라도 해외 교역에 참여해 자기 가게에서 수입품을 팔았다.

열심히 일해 돈을 버는 것이야말로 신의 은총을 증명하는 길이라는 개신교의 믿음이 널리 퍼지고 '자본'을 빌려 사업 확장이 쉬워지면서 상업은 크게 성장했다. 왕도 상인의 편이었다. 왕은 자기 영토에서 마음대로 권력을 누리던 귀족의 힘을 견제하기 위해 새롭게 성장하는 상인들에게 힘을 실어 주었다. 또한 국가는 강력한 법을 만들어 사회의 질서를 유지했는데, 그 덕분에 상인들은 도적이나 강도 걱정을 덜고 이전보다 훨씬 안전하게 돈을 벌 수 있었다.

새로운 교역 강국 영국과 네덜란드

스페인과 포르투갈이 주도하던 국제 교역에 16세기 영국과 네덜란드가 끼어들어 세력을 넓혀갔다. 향신료 무역은 돈벌이가 좋았기에 유럽 국가는 향신료 원산지를 자국의 세력 아래 두려고 치열하게 다투었다. 같은 나라 출신의 상인들도 남보다 먼저 향신료를 확보하기 위해 서로 경쟁했다. 향신료의 양은 정해져 있는데 저마다 사겠다고 나서자 원산지의 향신료 가격이 올랐고, 때로는 유럽 시장에 너무 많은 양의 향신료가 풀려 가격이 내려갔다.

이런 손해를 막기 위해 1600년 런던의 상인들은 돈을 모아 동양과 교역을 담당하는 '동인도 회사'를 만들고, 여왕으로부터 15년간 교역을 독점하는 권리를 받았다. 동인도 회사는 방어를 목적으로 회사 자체의 군대를 모집해서 전쟁을 치를 수도 있었다. 2년 후 네덜란드도 '연합 동인도 회사'를 만들어 인도와 동남아시아 지역으로 진출했다.

인도네시아 동쪽 반다 제도, 반다 제도는 값비싼 향신료 육두구가 자연에서 자라는 유일한 섬이었다.

탐험가, 군인 그리고 해적

1577년 영국의 탐험가이자 군인이었던 프랜시스 드레이크는 스페인(에스파냐) 배를 약탈하라는 영국 여왕 엘리자베스 1세의 명령을 따라 남아메리카 식민지에서 금과 은을 싣고 스페인으로 가는 상선을 습격해서 어마어마한 보물을 빼앗았다. 3년 후인 1580년 영국으로 돌아간 드레이크는 빼앗은 보물을 여왕에게 바쳤다. 스페인은 드레이크를 해적으로서 처벌하라고 영국에 압력을 가했지만, 여왕은 드레이크에게 작위와 훈장을 주고 해군 제독으로 임명했다. 훗날 드레이크는 영국 함대의 부사령관으로 스페인 함대를 무찌르는 데 큰 공을 세웠다. 이처럼 영국은 국가 차원에서 해적질을 권장했다.

스페인 배에서 빼앗은 보물을 보고 있는 드레이크(뉴욕 공공 도서관)

치열한 경쟁 끝에 결국 네덜란드가 동남아시아와의 향신료 무역을 주도하게 되었고, 네덜란드 동인도 회사는 세계 최대의 무역회사로 성장했다.

교역 상품의 변화

17세기 이전까지 교역 상품의 왕은 누가 뭐라 해도 향신료였다. 하지만 향신료를 기르는 지역이 늘어나고, 네덜란드가 매년 어마어마한 양의 향신료를 유럽에 들여오자 자연스레 가격이 내려갔다. 그 뒤를 이은 것은 면화로 짠 실과 옷감이었다. 영국이 장악한 인도에서는 많은 양의 면화가 생산되었고, 인도는 예로부터 면화에서 실을 뽑고 옷감을 짜는 기술과 옷감에 물을 들이는 염색 기술이 발달해 있었다. 인도에서 만든 면직물은 양털로 만든 모직물 같은 유럽산 옷감보다 가볍고, 색상도 화려하고 다양해서 큰 인기를 끌었다.

하지만 모두가 면직물을 반기지는 않았다. 면직물이 들어오면서 모직물이나 비단의 인기가 떨어졌기 때문에 비단옷을 만드는 사람, 양을 키우는 사람, 양털로 모직물을 만드는 사람은 동인도 회사의 면직물 수입을 격렬히 반대했다. 이에 18세기 초 영국은 색깔 있는 옷감의 수입을 금지했다.

하지만 가볍고 멋진 옷을 원하는 사람들이 실을 뽑는 방적기와 천을 짜는 방직기의 성능을 개선하기 시작했다. 18세기 중반부터는 영국에서도 좋은 품질의 면직물을 만들게 되었다. 그러자 동인도 회사는 인도에서 면화 솜을 그대로(원면) 수입했는데, 원면은 면직물에 비해 큰 이익이 나지 않았다. 게다가 새롭게 개척된 북아메리카 식민지에서도 대량의 면화를 재배해서 원면을 영국에 팔았기 때문에 동인도 회사는 새로운 교역 품목을 찾아야 했다.

차, 설탕, 도자기 그리고 노예

동인도 회사는 18세기 초부터 중국에서 차를 수입해 유럽에 팔았다. 수입 초기에 차는 영국 귀족과 상류층만 마실 수 있는 값비싼 상품이었다. 차는 영국에서 원산지에 비해 300~400배나 비싼 값으로 팔렸다. 시간이 지나며 차는 대중화되었고 18세기 후반에는 가난한 사람들도 마실 만큼 널리 퍼졌다.

유럽에서는 차에 설탕을 듬뿍 넣어 마셨다. 그래서 차가 많이 팔리자 덩달아 설탕의 소비도 늘어났다. 그런데 설탕을 녹이려면 찻물이 뜨거워야 한다. 그래서 뜨거운 차를 담고도 손에 쥘 수 있는, 손잡이가 달린 도자기 잔이 널리 쓰였다. 영국의 조지아 웨지우드는 1759년 도자기를 만드는 웨지우드 회사를 세워 찻잔과 그릇을 판매했다. 웨지우드 도자기는 큰 성공을 거두었으며 지금도 유럽을 대표하는 도자기 브랜드로 유명하다.

설탕은 신대륙 카리브해 섬에서 재배한 사탕수수를 원료로 만들었

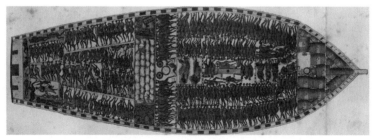

18세기 프랑스의 노예선 마리 세라피크호 (르네 레미트, 1770)

다. 늘어난 설탕 수요를 감당하기 위해서 사탕수수 농장에는 더 많은 노동자가 필요했다. 유럽 상인은 사탕수수 농장에 아프리카인을 노예로 팔았다. 워낙 농장 일이 고되고, 변변한 음식도 주지 않고, 위생 상태도 형편없어서 노예가 오래 살지 못했기 때문에 농장 주인은 계속 새로운 노예를 사들였다. 이처럼 차, 설탕, 도자기와 노예는 서로 밀접한 관계가 있는 상품이었다.

자본의 위력

중세 길드에 속한 상인은 주로 최소한의 돈을 들여 자기 가게나 공방의 현상 유지를 위해 힘썼다. 그래서 가게가 망할 염려는 없었지만, 사업을 확장하지도 못했다. 그런데 신대륙에서 금과 은, 새로운 상품이 들어오며 국가가 부강해지는 만큼 상품을 교역하는 상인도 부를 쌓게 되었다. 이렇게 모인 돈, 즉 자본을 이용해서 상인은 점원을 고용하고 창고를 늘려 대량의 상품을 보관하는 등 사업을 확장했다.

또한, 뜻밖의 화재나 사고로 상품을 잃은 상인

영국 런던의 빌링스 게이트 마켓(1808)

이 전 재산을 날리고 망하지 않도록 보장하는 '보험'이 생겼고, 재산을 안전하게 보관하며 이자도 받을 수 있는 '은행'이 발전했다. 은행에서는 상인에게 '대출'을 해 주었는데, 상인은 이렇게 빌린 돈을 사업 확장을 위한 자본으로 투자했다.

18세기에는 영국의 런던, 네덜란드의 암스테르담과 같은 대도시의 번화한 거리에 상점이 줄지어 들어섰고, 도시 주변의 부유한 동네에는 돈 많은 상인이 모여 살았다. 큰 교역 상인은 은행으로부터 자본을 빌려 수송 선단을 꾸린 다음 세계 곳곳을 누비며 원자재와 귀중품을 교역했다. 교역 상인은 외국에서 들여온 상품을 커다란 창고에 보관하며 각지의 상점으로 공급했고(도매상), 상점 주인은 이 상품에 자기 이익을 더해 고객에게 팔았다(소매상).

상인은 과거에 비해 훨씬 복잡한 일을 하고 돈을 많이 버는 직업이 되었다. 상인은 물려받은 부와 지위가 없어도 자신의 노력으로 중·상류층으로 성장했다.

국제적 규모의 교역과 식민지 수탈

18세기에는 교역의 규모와 범위도 크게 달라졌다. 유럽이 아시아·아프리카·아메리카 교역의 중심지였으며 그중에서도 영국과 네덜란드, 프랑스가 주인공이었다. 유럽 여러 나라는 세계 각지에 식민지를 만들고 원자재를 수탈했다. 인도에서는 면화를 기르고, 중국

1823년 영국 식민지 과테말라 안티구아의 사탕수수 농장
(윌리엄 클라크, 1823)

에서는 차 농장을 운영했으며, 말레이시아 반도에서는 향신료를 키웠다. 아프리카와 중남미 카리브해 섬에서는 사탕수수를 길러 설탕을 생산했고, 북아메리카에서는 담배와 목재를 들여왔다. 유럽 상인은 세계 경제를 지배했다.

식민지에서 상품 가공을 금지한 이유

상인은 세계 각국의 식민지에서 자원을 확보한 다음 유럽에서 제품으로 만들어 팔았다. 그런데 유럽 상인들이 사들이는 원자재의 양은 유럽 사람이 다 쓰고도 남았다. 상품이 충분해서 원자재가 남아돌면 교역 자체가 흔들리기 때문에, 상인은 물건을 살 사람을 계속 늘려야 했다. 식민지 주민을 새로운 고객으로 만들기 위해, 유럽 국가들은 식민지에서 원자재를 가공해서 상품으로 만들지 못하게 막았다. 식민지 주민은 어쩔 수 없이 유럽 상인에게 원자재를 싸게 팔고, 유럽에서 생산한 상품을 비싸게 사야 했다. 만일 식민지에서 원자재를 가공해서 상품을 만들고, 현지 주민이 그 상품을 보다 싼 값에 살 수 있게 되면 유럽 상인들은 돈을 벌 기회가 없어지기 때문이었다.

국가와 상인도 깊은 관계를 맺었는데, 상인은 왕실이나 정부에 돈을 빌려주었고, 국가는 이 돈으로 군대를 키워 식민지를 지배했다. 도시에 늘어난 중산층은 필요한 물건을 상점에서 구매했고, 이들에게 물건을 파는 상점 주인들도 부유해졌다. 상인의 수익이 늘면 국가에 내는 세금도 늘어났기에 나라 살림도 튼튼해졌다.

영국에서 독립한 아메리카 식민지

영국은 17세기 초부터 북아메리카 동쪽 해안에 이주자를 보내 자리 잡게 해서 18세기에는 모두 13개의 식민지를 건설했다. 영국은 북아메리카 식민지에서 영국 상인의 이득을 최대로 하는 정책을 폈다. 북아메리카 식민지는 영국하

고만 교역해야 했고, 특산품인 담배, 설탕, 면화를 오로지 영국에만 팔아야 했으며, 아메리카 식민지에서는 원재료만 생산하고 가공품이나 공산품은 영국에서 수입해 써야 했다.

영국은 식민지에서 원재료를 싼 값에 사고, 완제품을 비

북아메리카 동부의 13개 영국 식민지

싸게 팔아서 식민지 주민을 착취했다. 당시 유럽의 강대국은 아시아
와 아프리카의 식민지도 비슷한 방식으로 착취했으며, 더 많은 식민

보스턴 차 사건과 밀수업자

1773년 12월 16일, 인디언으로 분장한 북아메리카 식민지 주민이 보스턴 항구에
정박한 동인도 회사의 배를 습격해서 쌓여 있던 홍차 상자를 바다에 던져버렸다.
이 사건을 '보스턴 차 사건'이라고 하는데, 식민지가 영국에 맞서 독립 전쟁을 일
으키는 하나의 계기가 되었다.

당시 중국에서 들이던 차는 유럽 사람들에게 빼놓을 수 없는 기호식품으로 큰 인
기를 끌었다. 동인도 회사는 차를 수입해서 판매를 중개하는 대리인에게 넘겼고,
대리인은 북아메리카를 담당하는 도매상에게 판매했다. 도매상은 다시 소매상에
게 팔았고, 소비자는 이 소매상에게서 최종적으로 구매하는 식이었다. 이와 같이
여러 단계를 거치면서 차 가격이 너무 오르자 영국은 가격을 낮추기 위해 동인도
회사가 직접 북아메리카에 차를 판매하는 것을 허가했다. 이 조치는 주민들에게

보스턴 차 사건(나다니엘 커리어, 1846)

는 좋은 일이었지만, 중개업
자와 차 상인, 그리고 몰래 차
를 들여와 저렴한 값에 팔던
밀수업자에게는 큰 손해를
끼쳤다. 손해를 본 사람들은
주민을 선동해서 인디언 모
습으로 꾸민 다음 보스턴 항
구의 배를 습격했다.

지를 차지하기 위해 격렬히 다투었다. 결국 북아메리카 식민지는 이런 착취에 저항하여 영국과 싸우고 독립해서 미국을 건국했다.

가내 수공업의 발전

18세기는 상인들에게 기회의 시대였다. 해외 무역으로 큰돈을 벌 수 있었을 뿐 아니라, 국내에서 물건을 파는 상인도 안정된 수입을 얻었다. 나라끼리 무역 협정을 맺어 국경을 넘을 때 세금을 내지 않고도 장사를 할 수 있었으며 같은 상품을 파는 상점끼리 또는 같은 특산품을 생산하는 마을끼리의 협력도 활발해졌다. 하지만 더 많은 수익을 내기 위한 상점 간의 경쟁은 계속되었다.

원료를 가공해서 상품으로 만드는 '제조업'도 성장했다. 이전에는 가게 주인이 직접 또는 몇몇 기술자를 고용해서 상품을 만들었다. 상품의 수요가 늘어나자 상인은 도시 외곽이나 농촌 지역의 농민을 고용해 집에서 상품을 만들게 했다. 18세기 중반 영국의 인구는 약 천만 명이었는데, 이 중 4백만 명 정도가 상인에게 임금을 받으면서 자기 집에서 물건을 만들었다. 이중 절반은 실을 잣고 옷감을 짜는 일을 했으며, 나머지는 구리나 납과 같은 광물로 금속 제품을 만들거나 종이나 유리 등을 제조했다. 이들은 임금을 받아 일하는 노동자인 동시에 다시 상점에서 필요한 물건을 사는 소중한 고객이었다.

본격적으로 발전하는
중국의 상업

수나라의 대운하 건설

581년 중국은 수나라에 의해 다시 통일되었다. 수나라의 양제는 중국 남동 지역 항저우에서 북쪽 베이징까지 강을 연결해서 1,700km에 이르는 물길인 '대운하'를 건설했다. 대운하가 연결되자 양쯔강(장강) 하류의 풍부한 물자와 인력을 상류쪽으로 빠르게

중국의 대운하

나를 수 있게 되었다. 강남과 강북의 대규모 교류가 본격적으로 이루어지기 시작한 것이다. 비록 수나라는 38년 만에 멸망하지만 대운하는 중국의 상업과 경제 발전에 큰 자산이 되었다.

당나라에서 융성하는 상업

수나라의 뒤를 이은 당나라는 전쟁에 시달린 백성의 세금을 깎아주고, 소금, 철, 술 등 민간에서 사고팔지 못하게 했던 물품의 거래도 허용했다. 또한 당나라 태종은 국경 지역이 아닌 곳에는 관문을 없애서 상인들이 오갈 때 세금을 걷지 않았다.

서쪽으로는 중앙아시아에 진출하여 비단길(실크로드)을 다시 열었다. 비단길을 통해 당나라의 가장 유명한 교역품인 비단과 도자기를 수출했으며 낙타, 타조와 같은 희귀한 동물과 후추와 같은 특산품, 시금치 같은 채소, 설탕 만드는 법 등을 들여왔다.

바닷길을 통한 교역도 활발했다. 671년에는 이슬람 상인이 바다를 통해 광저우로 와서 교역을 시작했고, 취안저우에는 이들이 모여 사는 마을이 만들어지고 사원이 세워졌다. 페르시아, 로마, 아라비아를 비롯한 많은 나라의 상인이 교역을 위해 몰려들자 당나라는 수도 창안(지금의 시안)에 외국 상인이나 사신을 맞이하는 관청인 '홍려사'와 '예빈원'을 만들었다.

장안은 인구가 100만 명에 달하는, 당시 세계에서 가장 번화한 도

시였다. 성안의 거리와 구역을 바둑판 모양으로 정리한 계획도시이
기도 했다. 물건을 사고파는 시장으로는 성의 서쪽에 '서시', 동쪽에
'동시'가 있었다. 시장은 매일 정오에 열고 해가 지면 문을 닫았다. 상
인은 시장을 관리하는 관원인 '시사'에게 자기가 판매할 물건을 검사
받아야 했다. 상품에는 만든 사람의 이름을 새겼고, 품질이 낮은 물건
이나 가짜를 팔다 관원에게 잡히면 곤장 60대를 맞았다.

　같은 물건을 파는 상인은 '행'이라 했는데, 이들은 '행회(상인회)'를
만들고 대표자인 '행두'를 뽑았다. 행두는 상인들의 다툼을 중간에서
조정하는 역할을 했다. 시장에는 외국 상인도 모여들었는데, 말이 통
하지 않기도 했고 상품의 무게나 크기를 재는 기준이나 돈을 내는 방

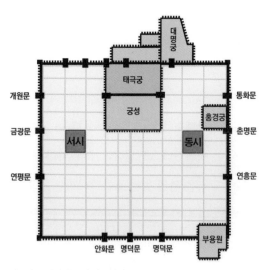

바둑판 모양의 당나라 장안성의 동시와 서시

식 등이 서로 달라 다툼이 잦았다. 그래서 관청의 허락을 받은 '아인'이라는 중개인이 파는 사람과 사는 사람 사이에서 거래가 무사히 이루어지도록 주선했다.

시장의 한 구역에는 황궁에서 필요로 하는 물건을 전문적으로 공급하는 '궁시'가 있어서 환관이 나와 물건을 구해갔다.

여전히 천대받는 상인

상업이 융성했음에도 상인의 지위는 이전과 크게 다르지 않았다. 상인은 여전히 관직에 나아가지 못했고, 관리는 상업 활동을 할 수 없었다. 이 당시에는 신분에 따라 입는 옷의 색이 달랐는데, 고위 관리는 보라색, 하위 관리는 푸른색, 일반 백성은 흰색 옷을 입었고 상인은 검은색 옷을 입어야만 했다. 그뿐만 아니라 상인은 말을 탈 수 없었으며, 마차에 화려한 장식을 달 수 없었다.

돈이 많아도 지위가 낮았던 상인은 과거를 준비 중인 형편이 좋지 않은 학생을 경제적으로 지원하기도 했다. 그 학생이 훗날 과거에 합격해서 조정 관리가 되면 도움을 받을 것을 기대했기 때문이다.

당시 문학 작품에도 자주 등장했던 상인은 보통 "이익을 중시하고 이별을 가볍게 여긴다", "이익을 탐해 이웃으로 잘 지내기 어렵다"와 같이 부정적인 모습으로 그려졌다.

송나라의 경제 발전과 번성하는 상업

번성하던 당나라는 8세기 중반 반란군에 의해 멸망하고 다시 여러 나라로 나뉘었다. 979년, 조광윤이 분열된 중국을 통일하고 송나라를 건국했다. 송나라는 눈부신 경제 발전을 이룩했다. 송나라는 식량 생산을 늘리기 위해 베트남으로부터 거친 환경에서도 잘 자라는 새로운 품종의 쌀을 들였고 양쯔강 유역의 땅을 개간해서 농지를 넓혔다. 식량이 풍부해지자 인구가 늘어나 11세기에 5천만 명이던 인구가 13세기에는 1억 명에 달했다. 인구가 늘자 생산 활동과 상업 활동도 활기를 띠었다.

도시의 정해진 구역에만 허가되던 시장은 이제 상인이 원하는 곳 어디에서나 열 수 있게 되었다. 또한 낮부터 해질녘까지였던 영업시간 제한도 풀려 아무 때나 가게를 여닫을 수 있었다. 상인은 검은 옷

「청명상하도」에서 볼 수 있는 송나라 시장의 모습

「청명상하도」의 일부. 강에는 물건을 실은 배들이 드나들고, 다리를 건너는 사람과 수레가 붐빈다.

을 입어야만 하고, 마차도 마음대로 이용하지 못했던 차별도 사라졌으며, 상인을 특별히 감시하고 관리하기 위해 만들었던 '상인 명부'도 없어졌다. 무엇보다 이제는 상인도 과거 시험을 치르고 관리가 될 수 있었다.

송나라의 수도 카이펑으로 강남의 곡식, 푸젠 지방의 차와 비단, 뤄양의 술, 징더전의 도자기 등 중국 각 지방의 특산품이 모여들었다. 서하, 서요, 고려, 일본, 아라비아 등 외국과의 교역도 번성했다. 당시 카이펑의 인구는 약 130만 명이었는데 이 중 3~4만 명이 수공업과 상업에 종사했다. 당시 카이펑의 번화한 모습은 화가 장택단이 그린 「청명상하도」에 잘 나타나 있다.

화폐와 신용거래

거래 규모가 커지면서 사람들은 화폐를 활발히 사용했다. 주로 이용하는 화폐는 구리로 만든 동전이었다. 구리가 부족한 쓰촨 지방에

송나라의 지폐, 교자

서는 철을 재료로 '철전'을 만들어 썼는데, 철전은 너무 무거워서 많은 양을 가지고 다니기 힘들었기 때문에 종이로 만든 지폐 '교자'를 함께 사용했다.

송나라는 쓰촨의 상인 16명에게 '교자포'를 열도록 허용했다. 교자포에서는 철전을 맡기면 대신 교자를 내주었다. 나중에 교자포에 교자를 가져가면 철전을 돌려주었는데, 수수료로 3%를 떼었다. 또한 나라에서 직접 발행하는 '관교자'도 있었다.

국가에 필요한 물건을 납품한 상인은 돈 대신 소금, 차, 백반, 상아 등 특산품과 교환할 수 있는 상품권인 '교인'을 받았다. 교인을 받는 것은 일종의 '신용거래'였다. 상인은 교인을 다른 특산품과 바꾼 다음, 이를 판매해서 이익을 거두었다.

1022년에는 신용거래를 할 때 계약서를 쓰는 법을 만들었는데, 3~5명의 보증인이 거래를 보장했다. 혹시라도 나중에 돈을 제대로 받지 못하면 보증인이 책임졌고, 거짓으로 보증인을 내세우는 경우에는 처벌받았다.

잘 팔리는 상품을 미리 확보하기 위해 돈을 먼저 주는 '입도선매'라는 신용거래 방식도 등장했다. 쓰촨 지역 특산품 중 하나인 차는 재배하는 데 비용이 많이 들었다. 그래서 차 상인들은 미리 농민에게 돈을 주고, 차를 수확한 다음 그 돈 만큼의 차를 가져갔다. 열대 과일 '여지'나 당시 인기 만점이었던 '모란꽃' 등을 구하기 위해 상인들은 계약금인 '입권'을 내고 앞서 상품을 확보하고는 했다.

상인의 길로 나서는 유학자

이전까지는 유학을 공부하고 과거에 합격해서 관리가 되는 것이 가장 이상적인 출셋길이었다. 하지만 관리가 받는 봉급은 얼마 되지 않았으며, 그나마 봉급의 절반 이상은 곡식 등 물품으로 받았기에 생활이 어려운 관리도 많았다. 이들은 자신의 권력을 이용해서 상업에 뛰어들었다. 이들은 때로 관청의 말이나 배를 이용해서 개인 상품을 나르고, 나랏돈을 사업 자금으로 몰래 빼돌리기도 했다. 철이나 술, 차 등 국가에서 관리하는 상품을 사사로이 거래하거나, 술집을 차린 관리도 있었다.

오랫동안 공부했지만 과거에 합격하지 못해 먹고사는 문제를 해결하기 위해 장삿길에 뛰어든 선비도 있었다. 하지만 이들은 근본이 유학자였기 때문에 상인이 된 다음에도 손님을 속이지 않고, 과도한 이익을 추구하지 않고, 사람과 사람 사이의 신뢰만큼이나 거래에서의 믿음인 '신용'을 중요한 가치로 내세웠다. 손님들도 선비 출신 상인들을 믿고 자주 찾았다. 이들은 상업으로 돈을 번 다음에는 다시 자식들이 유학을 공부하고, 과거를 치러 관리가 되도록 지원했다. 이처럼 송

나라에서는 선비와 상인이 만나고, 유학과 상업이 만나는 '사상합류
士商合流'가 생겨났다.

운하와 교역로를 재정비한 원나라

중국의 북쪽 초원지대에 살던 흉노, 돌궐, 거란, 여진, 몽골과 같은
유목민족은 풍요로운 중원(황허강 중·하류, 중국의 중심 지역) 지방을
침략했다. 몽골족 칭기즈칸은 몽골 초원을 통일하고 그의 후예들은
전 세계로 세력을 확장했다. 몽골 제국은 서쪽으로는 러시아, 이란,
투르키스탄 지역까지 진출했고, 칭기즈칸의 손자 쿠빌라이 칸은 중
국의 베이징을 점령하고 원나라를 세웠다.

당시 중국의 대운하는 오랫동안 손보지 않아서 여기저기 물길이
끊어져 있었고, 사람들은 운하 근처에 집을 짓고 농사를 지었다. 원나
라는 1289년부터 다시 운하를 수리해서 강남으로부터 쌀을 수송했
다. 당나라 이후 혼란기에 막혀 있던 비단길도 다시 뚫어서 여러 민
족이 상인의 비단길을 오갔다. 베네치아의 상인 마르코 폴로는 비단
길을 통해 원나라를 여행했고, 경험한 내용을 『동방견문록』으로 남
겼다.

원나라에는 몽골인, 색목인(몽골이나 중국이 아닌 서방의 여러 나라 사
람), 북쪽 지방 중국인, 남쪽 지방 중국인 순으로 민족마다 등급이 있
었다. 몽골인은 수가 많지 않았기 때문에 넓은 영토와 많은 중국인을

지배하기 위해 다른 민족을 적극적으로 등용했다. 특히 나라의 경제와 상업은 색목인인 '오르타크 상인'이 담당했다. 이들은 세금을 거두고, 건물을 짓고, 술을 만들고, 지폐를

마르코 폴로는 동양으로 여행한 최초의 유럽 상인 중 한 명으로, 13세기 동양의 무역 개방에 영향을 미쳤다. (아브라함 크레스케스, 1375)

발행했을 뿐 아니라 교역과 돈을 빌려주고 비싼 이자를 받는 고리대금업을 독점해 큰 부자가 되었다. 몽골인은 직접 상업 활동을 하지 않는 대신 오르타크 상인에게 투자하고 이익을 나눠 가졌다.

변화하는 중국 상인의 지위

군대 물자를 보급한 명나라 상인

1368년, 주원장은 원나라를 몰아내고 명나라를 세웠다. 명나라는 건국 초기 나라를 안정시키고 사회의 질서를 바로잡기 위해 농민을 중시하는 정책을 폈다. 상인은 다시 여러 가지 신분의 제약을 받게 되었다. 상인은 비단옷을 입을 수 없었고, 다른 지역으로 장사를 떠날 때는 관청에 가서 여행을 허가받아야 했다. 목적지에 가서는 그 지역 관청에 도착을 알렸고, 관리는 상인이 가져온 상품을 검사했다. 이 과정에서 상인은 세금을 내야 했고, 여러 트집을 잡는 관리에게 돈을 바치는 일도 많았다.

주원장은 몽골의 힘을 잘 알고 있었다. 그는 몽골을 방어하기 위해 만리장성을 보수하고 중국 북쪽 국경의 중요 지역에 군대를 배치했다. 북쪽에 머무는 수십만의 군인에게는 매년 어마어마한 양의 식량과 옷, 무기 등이 필요했다. 이 물자를 조달하기 위해 명나라는 상인을 동원했다. 상인이 북쪽 군사기지로 식량 등의 생활필수품을 가지고 가면 그 대가로 소금과 교환할 수 있는 상품권인 '염인'을 주었다. 이를 '개중법'이라 했다. 소금은 국가에서 지정한 상인만이 사고팔 수 있는 상품이라서 소금을 거래하면 큰 이익을 얻을 수 있었다. 그래서 상인은 강남에서 쌀을 사서 북방으로 가져간 다음, 받은 염인으로 바꾼 소금을 팔아 돈을 벌었다. 강남이 너무 멀어 곡식을 나르기 힘들었던 상인들은 북쪽 가까이 산시 지역의 땅을 농지로 개간해서 식량을 생산하기에 이르렀다. 많은 물자와 돈이 들어오면서 북방은 활기를 띠었다.

1420년 명나라는 수도를 베이징으로 옮기고 운하도 대대적으로 다시 손보았다. 운하의 물길이 닿는 도시들은 번영했고 국가는 세금을 더 많이 거둘 수 있었다.

바다에서 몰래 교역하다

명나라는 바닷길을 막고 일반인의 해상 교역을 금지하는 '해금정책'을 펼쳤기 때문에 외국과의 교역이 크게 줄었다. 하지만 몰래 배를 타고 나가 일본이나 동남아 상인들과 거래를 하는 '주사무역'을 막을 수는 없었다. 큰돈을 벌 욕심을 가진 상인이나 농지가 부족해서 먹고

1637년 명나라 상선(송응선, 1637)

살기 힘든 해안 지역 주민들은 목숨을 걸고 밀무역에 나섰다. 명나라는 16세기 말에 몇몇 항구에서 외국과의 교역을 허가하는데, 상인들은 필리핀으로 가서 유럽 상인들에게 비단과 도자기 등의 특산품을 팔았다.

바닷길의 골칫거리는 해적이었다. 사회에 불만을 가진 사람, 범죄자로 도망 중인 사람들은 바다에 나가 해적이 되었고, 이들은 일본의 왜구와 함께 배를 습격하고, 해안 마을을 약탈했다. 평범한 상인이 거래가 원하는 대로 진행되지 않으면 해적처럼 돌변하여 물건을 빼앗는 일도 있었다.

정화의 원정

1452년 황제의 명령을 받은 환관 정화(1371~1434)가 큰 배 64척, 작은 배 225척, 부하 2만 7천여 명을 이끌고 동남아, 인도, 아프리카에 이르는 지역을 28년 동안 일곱 차례 여행했다.

정화는 30여 개 나라에 들러 싣고 갔던 도자기, 비단, 사향, 철제 농기구, 동전 등을 팔고 신기한 동물, 후추, 보석, 한약재, 향료를 사들였다. 정화는 여러 나라와 외교 관계를 맺고 해외의 특산품을 가득 싣고 돌아왔다. 하지만 명나라의 해금령은 풀리지 않았고, 정화가 남긴 기록도 모두 사라져 오늘날까지 전해지지 않는다.

상인 조직이 발전하다

16세기 중엽 이후 중국 각지에서 상품의 유통은 활발해졌고, 상인의 수도 계속 증가했다. 상인이 돈을 잘 벌자 농민은 물론 선비도 상업에 뛰어들었다. 유학자도 "천하에 농부만 있고 상인이 없다면 어찌 나라가 유지될 수 있는가"라며 상업의 중요성을 인정할 만큼 상인의 사회적 지위도 높아졌다.

그러나 멀리 여행을 떠나 몇 년씩 집으로 돌아가지 못하는 상인은 고달픈 직업이었다. 또한 여행 중에 병에 걸리거나 도적의 습격을 받아 목숨을 잃기도 했다. 다행히 목적지에 잘 도착해도 관청에 돈을 뜯기거나 그 지역 토박이 상인에게 속아 넘어가 큰 손해를 보기도 했다. 사기를 당해 나라에 고발해도 관청은 같은 지역 사람의 편을 들어주기 일쑤였다. 이런 고달픔을 덜고 만일의 경우 위험에 함께 맞서 서로를 보호하기 위해 같은 지역 출신 상인들이 무리 지어 '방(幇)'을 결성했다. '후이저우 상인', '산시 상인', '푸젠 상인' 등 출신 지역 이름을 딴 상인 무리가 이름을 날리기 시작했다.

'관우'와 '주희'를 받드는 상인

산시 지방은 지형이 험하고 농지가 좁았으며 변변한 특산물도 없어서 이 지역의 남자들은 10살만 넘으면 타지로 장사를 떠났다. 산시 지역은 북방 군사기지와 가까웠기 때문에 개중법이 시행되며 가장 큰 이득을 본 곳이기도 했다. 산시 상인들은 낙타를 몰고 고비사막을 건너 시베리아 지역까지도 진출했다.

산시 상인은 『삼국지연의』의 '관우'를 모범으로 삼았다. 관우는 중국 삼국 시대 촉한의 장군으로 무술이 뛰어날 뿐만 아니라 의리와 절개, 호방함의 상징이었는데, 관우의 고향이 산시였다. 관우를 떠받드는 산시 상인은 '의롭지 않은 돈은 벌지 않는다', '이익을 얻더라도 수치스럽지 않아야 한다', '바른 일을 해야 재물이 생긴다'와 같은 가르침을 대대로 따랐다.

1492년 명나라는 상인이 관청에서 은으로 소금을 살 수 있는 '절색제'를 도입했다. 그러자 이전까지 소금을 얻기 위해 북쪽 군사기지로 물품을 나르던 상인들의 발길이 줄어들었고, 북방은 타격을 받았다. 대신 양쯔강 유역의 후이저우 출신 상인이 소금 교역을 장악했다. 이들은 물길을 따라 소금뿐 아니라 곡식, 비단, 차, 도자기 등 각 지역의 특산품을 거래했다. '유학자 상인'이라고도 불린 후이저우 상인은 후이저우 출신 유학자 '주희'를 정신적 스승으로 여겼다. 주희는 성리학을 창시하고 완성한 유학자로, '주자'라고도 한다. 집집이 주희가 남긴 글을 내걸고 가훈으로 삼아 실천하려고 했기에 사람들은 후이저우 상인 하면 '신의'를 제일 먼저 떠올렸다. 후이저우 상인은 재물을 모은 다음에는 사회에 그 부를 되돌려 주는 것이 바른 도리라고 믿었다. 이들은 특히 고향의 교육과 문화 발전에 힘썼으며 그 결과 후이저

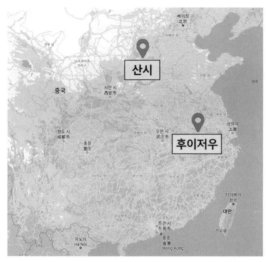

산시와 후이저우의 위치

우 특유의 미술, 문학, 음식, 건축 등이 발전했다.

상인을 위한 책

멀리 교역을 떠나는 상인을 위한 안내 책자도 등장했다. 후이저우 상인 '황변'은 『천하수륙로정』이라는 책을 냈는데, 이 책에는 중국 대도시의 도로 사정, 역참 이름, 숙박시설, 상품 가격, 치안 상태, 그 지역의 상인회, 운송에 드는 비용 등이 실려 있었다. 기차, 증기선, 자동차 같은 새로운 교통수단이 들어오기 전까지 많은 사람이 이 책을 활용했다.

푸젠 상인 '이진덕'은 상인에게 꼭 필요한 지혜를 전하는 『객상일

람성미』를 썼다. 이 책은 중개인과 상품 가격을 결정하는 방법, 대금을 지급하는 방법, 소송 등의 문제에 대응하는 법, 날씨 변화를 예측하는 법, 불량배를 만났을 때 대처법 등 유용한 정보와 상인으로서 갖추어야 하는 도덕성, 윤리 원칙 등을 담고 있다.

상인이 되는 선비들, 사상합류

1584년 일본-명나라의 무역선 깃발. 3명의 명나라 상인의 서명이 되어 있다.

명나라 때는 상인이 되는 선비도 드물지 않았다. 이들은 재산을 모은 뒤 사립 학원을 세우거나 유명한 학자를 개인 교사로 모셔 와 자식에게 과거 시험공부를 시켰다. 당시 과거 시험은 고향에서 치러야 했는데, 고향을 떠나 타향에 자리 잡은 상인들에게는 고향으로 돌아가는 것이 큰 부담이었다. 이런 불편을 해결하기 위해 상인 집안의 자제들이 살고 있는 지역에서 과거를 치를 수 있는 '상적'이라는 제도가 생겨났다.

이처럼 선비와 상인이 합쳐지면서(사상합류) 상인은 유학이라는 당시 중국의 가치관을 받아들이고 사회의 주요 세력으로 성장했다. 선비 출신의 새로운 상인은 '신상紳商', '신사 상인'이라 불렀는데, 신상은 훗날 중국 사회가 서양 문물을 받아들여 발전하는 데 크게 공헌했다.

청나라의 해금 정책과 해외 교역

1616년 여진족 누르하치는 후금을 건국하고, 그의 아들 홍타이지는 1644년 베이징을 점령하여 청나라를 건국했다. 하지만 다시 명나라를 세우려는 세력을 몰아내기까지는 수십 년이 더 걸렸다. 명나라를 지지하던 사람들은 마지막에는 타이완섬에 근거지를 두고 청나라에 저항했다. 청나라는 반청 세력과 백성의 교류를 끊기 위해 강력한 해금 정책을 시행했다. 바다에 나가지 못하게 하는 것은 물론, 바닷가 마을에 사는 백성을 모두 육지 안쪽으로 30리씩 강제로 이주시키고 마을을 아예 없애버렸다.

하지만 해금 정책이 시행되고 경제가 제대로 돌아가지 않았다. 청나라는 은으로 화폐를 만들고 세금도 은으로 받았다. 그런데 중국에는 은이 많지 않아서 늘 일본이나 서양과의 교역을 통해 보충해왔다. 해상 교역이 금지되자 은이 부족했고, 화폐가 부족하자 물건값이 올라 백성의 삶이 어려워졌다.

타이완섬의 반청 세력을 몰아낸 청나라는 고기잡이를 허용하고 마카오, 광저우 등의 항구에 수출입하는 물건을 단속하고 관세를 관리하는 해관을 설치하여 외국과의 교역도 다시 시작했다. 외국 상선은 여름에 남중국해 계절풍을 타고 중국에 도착해서 비단, 도자기, 차 등을 사고 겨울이 되면 다시 계절풍을 이용해 고향으로 돌아갔다. 하지만 외국 상인이 너무 늘어나서 청나라는 광저우만 남기고 다른 항구는 닫아버렸다.

청나라 관리는 모습과 언어가 다르고 신분도 천한 오랑캐 상인과 직접 만나기를 꺼렸다. 그래서 상인에게 광저우의 교역 업무 관리를 맡겼는데, 이 상인을 '공행公行' 또는 '행상行商'이라고 했다. 행상은 외국 상인과의 거래가 제대로 이루어지도록 보장하면서, 외국의 신기한 물건을 구해 황실에 바치는 일을 했다. 행상은 큰돈을 벌 수 있었지만, 사업에 실패하면 '나라의 명예를 떨어뜨렸다'라는 죄로 벌을 받았다. 상인은 나라와 어떤 관계를 맺느냐에 따라 운명이 결정되는 것이나 다름없었기 때문에 때마다 막대한 액수를 나라에 기부했다.

1805년 광저우항에서 덴마크, 스페인, 미국, 스웨덴, 영국, 네덜란드의 국기를 걸고 있는 상선

상인이 되기 위한 자질과 교육, 상고편람

　유학을 공부하던 선비들이 상인이 되면서 상인을 위한 책도 더 많이 쓰였다. 공부를 계속하기에는 몸이 약해 상인이 된 오중부는 1788년 상업 지식을 체계적으로 정리한 『상고편람』을 썼다. 이 책에는 상점 운영법, 계산법, 은 판별법, 무역노선 등이 실려 있다. 오중부는 "큰 부자가 되기 위해서는 사람의 힘으로 어쩌지 못하는 운명의 도움이 있어야 하지만, 누구나 근면하고 성실하게 노력하면 어느 정도 부를 쌓을 수 있다"라고 믿었다. 또한 뛰어난 자질을 가진 사람은 공부해서 관리가 되고, 중간 정도의 자질을 가진 사람은 상인이 되는 것이 적합하다고 생각했다. 상인이 되기 위해서는 어릴 때부터 상업에 필요한 도덕, 자신의 실수와 자만을 이겨내는 훈련이 필요하다고 강조했다. 이처럼 상인은 '교육과 훈련으로 길러지는 전문 직업인'으로 여겨지기 시작했다.

우리나라 고려와 조선 시대
상업과 상인

고려의 시전 상인과 행상

고려는 농업을 중요하게 여겼지만 상업과 상인을 억압하지는 않았다. 또한 고려의 국교였던 불교도 상업에 호의적이었으며, 사찰은 상업의 중심 역할을 했다. 넓은 땅과 재산을 가진 부유한 사찰은 상인에게 장사의 기반이 되는 돈을 빌려주고 이자를 받았으며, 그 돈으로 불경을 펴내거나 불교 행사를 벌이고는 했다. 왕실과 귀족 등의 지배층도 상업 활동에 돈을 투자했다.

고려는 수도 개경(지금의 개성)에 큰 시장인 '시전'을 세워 백성들에게 생활필수품을 공급하고 나라에 필요한 물품도 구했다. 국가에서는 도시의 큰길 양쪽에 길게 건물을 짓고, 일정한 넓이로 칸을 나눈 다음 상인에게 빌려주었다. 상인은 원하는 크기만큼 시전 건물을 빌려 장사하고 대신 정부에 일정한 액수의 세금을 냈다. 시전 외에 골목 길에 작게 여는 '여항소시'도 여러 군데에 있었다. 외국 사신이 개경 에 오면 임시로 시장을 크게 열기도 했다.

큰 도시가 아닌 지방 마을에는 농부, 수공업자 등이 일정한 날에 모 여 필요한 물건을 교환했는데, 이를 '장시'라고 한다. 행상은 상품을 짊어지고 지방 장시와 장시를 돌면서 물건을 팔았다.

이처럼 고려의 상업은 발전했지만 상인의 신분은 낮았다. 고려의 신 분으로는 귀족, 양인, 천민이 있었다. 양인 중에서는 지방 관리나 군인 이 제일 우대받았고, 그다음이 농민이었으며 상인은 간신히 천민을 면한 정도였다. 그러나 상인에게는 납세나 부역 의무가 없었으며 시 전 상인이나 여항소시에 점포를 차린 상인은 그나마 대접받았다.

고려 후기에는 재산을 모은 상인이 나라에 곡식을 바치고 대신 관 직을 얻기도 했고(납속보관제), 재산을 지키기 위해 귀족이나 권세 있 는 집안과 혼인하기도 했다.

활발한 대외 무역으로 세계에 이름을 알린 고려

고려는 외국인의 출입이 자유로운 개방적인 나라였다. 개경 근처 예성강 하구의 벽란도는 국제 무역항구로 중국, 일본 상인은 물론 아 라비아 상인까지 오고 갔다. 우리나라가 '코리아'라는 이름으로 세계 에 알려진 것도 이때이다.

고려의 주된 교역 상대는 중국 송나라였다. 고려는 송나라에 조공을 보내고 그 사례로 중국 특산품을 받았다. 사례로 받는 물품의 가치가 조공보다 높았기 때문에 고려는 조공을 자주 보내려고 했다. 송나라 상인은 고려에 큰 행사가 있을 때마다 찾아와 보석, 상아, 서적, 약재 등을 바치고 인삼 등을 받아 갔다.

민간 상인의 교역도 활발했는데, 송나라 상인과 고려 상인이 두 나라를 자유롭게 오가며 장사했으며 현재 남아 있는 기록만 해도 5천여 회에 달한다. 고려 상인은 벽란도에서 중국의 퉁저우나 닝보로 가는 뱃길을 이용해서 중국에 나전칠기, 종이, 화문석 등을 팔고 비단, 약재, 붓 등을 사왔다. 중국 북부의 거란, 여진과는 육로로 교역했다. 거란과 여진의 상인은 말, 철갑, 낙타, 가죽 등을 팔고 농기구, 곡식, 비단, 옷감을 사갔다.

유학을 근본으로 한 조선의 상업과 상인

조선은 유학을 나라의 근본으로 삼아 '사농공상'의 신분 질서를 따랐다. 상인은 천민, 노예, 무당, 광대, 기생과 같은 신분으로 관직에 나설 수 없었다. 나라는 농업을 권장하고 상업을 억제하는 '무본억말' 정책을 폈다.

고려와 마찬가지로 서울의 중심부에는 조정에서 지은 시전이 있었다. 이 건물을 빌려 물건을 파는 시전 상인만이 국가에서 정식으로 허가한 상인이었다. 나라의 허가를 받지 않은 사람은 함부로 장사할 수 없었다. '평시서'라는 관청에서 시전 상인을 감독하고 상품의 가격을 조정했다. 시전 상인은 나라에서 필요한 물건을 공급하고, 나라에서 세금으로 거둔 물건이나 외국 사신에게 받은 물건 중에 남은 것을 팔기도 했다. 대신 이들은 해마다 쌀 4말을 세금으로 냈으며 나라에서 필요로 하는 경우 동원되었다. 왕이나 왕족, 대신의 장례식에는 시전 상인의 여자 가족이나 하인이 나가서 장례 동안 구슬프게 우는 곡비 역할을 했으며, 시전 상인의 자제는 왕릉을 건설하는 인부로 일하기도 했다.

김홍도의 그림 「장터길」, 산모퉁이를 돌아가는 한 무리의 가마 행렬로 앞서 가는 소와 가운데 말에 아무 것도 실리지 않은 것으로 보아 장터에서 물건을 다 팔고 돌아가는 길인 듯하다.(국립중앙박물관)

개인 상인의 등장과 시전 상인의 금난전권

16세기에 들어서 인구가 늘어나자 필요한 물품의 양도 많아져서 시전 상인만으로는 이를 충분히 공급하기 어려웠다. 그래서 국가에서 허가받지 않고 사사로이 장사하는 '사상私商'이 생겨나 시전 상인의 장사까지 위협하기에 이르렀다.

조선 사회는 임진왜란과 병자호란을 겪으며 크게 변화했다. 17세기 이후 금속 화폐가 널리 쓰이고, 중국과의 교역이 늘어나면서 상업 활동이 활발해졌다. 또한 전란으로 황폐해진 농지를 버린 많은 농민이 서울이나 다른 큰 도시로 몰려들었는데, 이들은 생계유지를 위해 장사에 뛰어들었다.

새롭게 장사에 뛰어드는 사람이 늘어나며 경쟁이 치열해지자 조정은 시전 상인에게 허가받지 않은 상인이 장사하지 못하도록 단속하는 '금난전권*'을 주었다. 금난전권이 모든 시전 상인에게 주어진 것은 아니고, 우선은 비단, 면포, 명주, 종이, 모시, 어물을 판매하는 '육의전' 상인들에게 주어졌다. 금난전권을 받은 상인은 같은 종류의 상품을 판매하는 사상을 단속할 수 있었다. 시전 상인은 판매하는 물건을 관청에 등록해야 했는데, 허락받은 것 외의 상품을 판매하는 시전 상인도 금난전권의 단속 대상이었다. 조정은 시전 상인들에게 금난

---

* 난전을 금지하는 권리라는 뜻으로, 난전은 허가받지 않은 상점이나 사상을 뜻한다.

전권을 주는 대신 세금 외에 추가로 물품을 거두어 전쟁의 여파로 줄어든 세금을 보충하고 때때로 청나라에서 요구하는 물건을 확보했다.

육의전 자리를 표시하는 돌, 종로 탑골공원 앞

시전 상인은 서울에서 원산지의 상인이 가져오는 물품을 받아 이를 판매했다. 하지만 사상은 시전 상인과 경쟁하기 위해 원산지나 교통의 중심지로 직접 가서 상품을 몽땅 사들여 상품을 독점하는 방식으로 돈을 벌었다. 사상 중에서 자본이 많은 사람을 '사상도고'라 불렀는데, 시전 상인보다 부유한 사상도고도 있었다. 18세기 무렵에는 서울에 사상들이 모인 시장 거리인 칠패 시장(지금의 남대문시장)과 이현 시장(지금의 동대문시장)이 생겼다. 칠패와 이현 시장의 상인들은 금난전권의 감시를 받았지만 미리 사들인 상품의 가격을 마음대로 정하며 큰돈을 모았다.

조선의 지방 장시와 보부상

지방에서는 5일, 10일 등 일정한 기간마다 장이 열렸다. 장터를 돌아다니며 물건을 파는 상인으로는 장신구와 작은 잡화를 등에 짊어지고 다니는 봇짐장사 '보상補商'과 부피가 큰 생활 물품을 지게에 지고 다니는 등짐장사 '부상負商'이 있었는데, 둘을 합쳐 보부상이라고 부른다. 조정은 보부상을 관리하고 세금을 거두기 위해 생김새, 나이, 활동 지역 등을 기록한 통행증을 발급했다. 중부 이남 지역의 보부상은 장터를 돌아다녔고, 중부 이북 지역에서는 직접 집을 방문하며 물건을 팔았다. 보부상은 조선 초부터 장삿길을 다니면서 서로를 보호하기 위해 조직을 만들었는데, 이들은 임진왜란이나 병자호란 때 왕의 피난을 돕고, 군량미나 무기를 운반하기도 했다.

15세기 말부터 16세기 초에는 지방 도시의 인구도 증가해서 임시로 여는 시장만으로는 사람들에게 필요한 물품을 충분히 공급하지

못했다. 그래서 큰 규모의 장시는 항상 열리는 상설 시장으로 변해갔고, 상설 시장이 있는 마을은 상업 도시로 발전했다. 18세기 이후 조선에는 전국에 천여 개의 장시가 있었다.

조선시대 행상을 그린 김홍도의 그림 (국립중앙박물관)

조선 시대, 개성 상인의 활약

조선이 세워지고 수도를 서울로 옮기자 자리를 잃은 개성의 시전 상인들은 '행상'이 되었다. 또한 조선이 개성 출신 사람은 조정에 등용하기를 꺼렸기에 유학을 공부하던 개성 출신 선비도 상업에 뛰어들어 개성 출신 상인은 전국에서 가장 지식수준이 높았다.

이들은 전국 각지에 '송방'을 두고 각 지방의 특산품을 사들여 국내는 물론 중국까지 내다 팔았다. 가장 대표적인 상품은 인삼이었으며, 옷감도 주요 거래 품목이었다. 개성 상인들은 서로 똘똘 뭉쳐 다른 지역 상인을 배척했으며, '송도사개치부법'이라는 독특한 복식부기법을 사용했다. 어린 소년을 사환으로 고용해서 가르치고, 경력이 쌓이면 주인이 자본을 나눠주고 독립시키는 고용인 제도로 유명했다.

조공 무역과 사신 무역으로 외국과 교류하다

조선은 외국과의 교류를 엄격하게 단속했다. 중국과의 교역은 사신을 통해 조공을 보내고, 그 답례로 특산품을 받아 오는 것만 가능했다. 보통 조선은 중국에 일 년에 세 번 사신을 보냈다. 무엇을 가져가고 사례로 무엇을 받는지는 정해져 있었지만, 때로는 정한 것 말고 다른 물품을 요구하기도 했다. 조공은 조선 왕이 중국 황제의 신하로서 물건을 바치는 외교 형식이었지만, 실제로는 아시아의 일반적인 교역 방식이었다. 고려나 조선도 거란, 여진 등으로부터 조공을 받고 그

답례를 내어주었다.

조선의 사신단은 공식 조공품 외에도 인삼과 같은 우리나라 특산품을 가지고 가서 팔고 중국의 물품을 사왔다. 중국에서 우리나라로 오는 사신단도 마찬가지였다. 사신이 정기적으로 오고 가면서 점차 공식 조공보다 사신단의 교역 규모가 더 커졌다.

중국에 가는 사신단은 오가는 여행 비용을 직접 마련해야 했다. 조정에서는 이 비용을 보상하기 위해 사신 한 사람마다 인삼 10근(약 6kg)을 한 꾸러미로 해서 모두 8꾸러미, 총 80근을 중국에 가져가도록 했다. 꼭 인삼이 아니라도 고위 관리는 은 3천 냥, 하급 관리는 은 2천 냥 어치의 돈이나 물건을 가져갈 수 있었다. 하지만 중국에서 가장 비싼 가격에 팔리는 것이 인삼이었기 때문에 사신단은 주로 인삼을 가져갔다. 중국에서 인삼을 비싸게 팔고, 우리나라에서 인기가 높은 중국 물건을 사 와서 되팔면 큰 이익을 얻을 수 있었다.

사신 중에서도 교역의 중심은 외국어 통역을 위해 따라가는 '역관'이었다. 관청이나 군대에서도 중국에서 꼭 들여와야 하는 물건이 있으면 역관에게 돈을 주면서 부탁했으며, 나라에서 교역에 필요한 돈을 빌려주기도 했다.

외국과의 또 다른 교류 방법: 개시, 후시, 왜관

조공 무역과 사신 무역만으로는 두 나라 모두 거래량이 부족했기 때문에, 1593년부터 관리의 감독 아래 양국 상인이 만나 교역하는 '개시'가 열렸다. 개시에서는 반드시 허가된 물건만 교역해야 했고, 개인적으

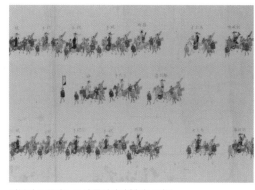

일본과 교류하는 조선 통신사의 행렬도 일부

로는 거래할 수 없었다. 함경도 지방의 개시에는 여진족 상인이 양이나 사슴 가죽을 가지고 와서 소금, 농기구, 소 등으로 바꾸어 갔다.

시간이 지날수록 개인끼리 몰래 하는 교역이 점점 늘어났는데 이를 '후시'라고 했다. 또 중국으로 가는 사신단에 몰래 끼어들어 국경을 넘은 다음 '책문'이라는 곳에서 거래를 하는 상인도 있었다. 단속을 해도 책문에서 열리는 후시의 규모가 점점 커지자 마침내 1755년 조선은 책문과 후시를 공식적으로 인정하고 대신 세금을 거두었다.

일본과의 교역은 '왜관'에서 이루어졌다. 조선 초기에는 부산포, 내이포, 염포 세 곳에 왜관을 두었다. 또한 일본 사신이 부산에서부터 서울까지 올라오는 길목에서 물건을 거래하기도 했다. 일본으로의 주요 수출품은 도자기, 인삼 등이었는데, 왜관에서 인삼을 팔고 은을 사온 상인은 큰돈을 벌었다.

금난전권이 폐지되다

18세기 말 대부분의 생활필수품이 금난전권의 대상이 되면서 소규모 상인들이 제대로 물건을 팔 수 없었다. 생활필수품을 독점으로 판매하던 시전 상인은 마음대로 가격을 올려 가난한 백성들이 살기 힘들어졌다. 이에 조정은 상품 거래량의 일부에만 금난전권을 적용하고, 금난전권을 행사할 수 있는 시전 상인의 수를 줄이는 등 제약을 완화했다.

1791년(정조 15년)에는 결국 육의전을 제외한 나머지 금난전권을 모두 없애는 '신해통공'을 시행했다. 시전 상인들은 크게 반발하며 금난전권을 되살리라고 줄기차게 요청했고, 신해통공을 주도한 좌의정 채제공을 찾아가 항의하기도 했다. 하지만 대부분 백성의 지지로 신해통공은 계속될 수 있었다.

손님과 상인을 연결해 준 여리꾼

시전의 가게는 매우 좁았기 때문에 물건을 가게 안에 진열해 두지 않고 따로 보관했다. 여리꾼은 가게 앞에 쭉 늘어서서(열립) 지나가는 손님에게 어떤 상품을 찾는지 물어보고, 그 상품을 파는 가게로 안내했다. 상인은 여리꾼이 데려온 손님에게는 원래 가격보다 조금 비싸게 상품을 팔고 그 차액을 여리꾼에게 주었다. 여리꾼은 손님에 따라 얼마나 더 비싸게 받을지 상인에게 암호로 알려주었다.

상인의 지위 향상

조선 후기 사회 변화와 경제 발전으로 그때까지 농업을 중시하고 상업과 상인을 천시하던 분위기가 달라졌다. 관리들 사이에서도 "서울은 상인을 중요하게 여기고, 지방은 농민을 중요하게 생각한다"라는 이야기가 나오고, 상인은 '열심히 일하는 사람'이며 시전 상인은 '나라의 근본'이라고 인정하기 시작했다.

사회적 지위가 높아진 상인은 말을 타고, 좋은 옷을 입고, 시골에 농지와 저택을 마련했다. 부유한 상인은 서울의 청계천 남쪽, 남산 북쪽 기슭에 모여 살면서 화려한 집을 짓고 사치스러운 생활을 했다. 나라에 공을 세워 관리로 등용되는 상인도 있었다.

다양한 사상이
반영된
근대 상업과 상인

근대에 접어들어 산업혁명과 개항 등으로 사람들의 삶의 양식이

큰 변화를 맞이하였다. 급격한 산업화와 거대한 자본을 바탕으로

한 경제 성장으로 인해 상업도 큰 변화를 맞이하였다.

산업혁명 이후
상업과 상인의 변화

산업혁명으로 대량생산의 시대가 열리다

　18세기 후반 산업혁명이 일어나며 증기 기관과 기계 장비를 이용하는 큰 공장에서 한꺼번에 많은 상품이 생산되었다. 대자본을 보유한 상인은 공장을 세우고 '생산자'가 되었다. 상품을 얼마나 만들어서 판매할지 결정하는 것은 생산자의 역할이었기 때문에 교역으로 버는 돈도 대부분 생산자 차지였다. 상인은 상품을 중개하고 유통하는 일에 전념하게 되었는데, 대부분 전보다 얻는 이익이 줄었다.

　공장의 규모가 커지면서 더 많은 노동자가 공장에서 일했다. 공장 주인들은 더 많은 이익을 얻기 위해 노동자에게 적은 임금을 주고 오랫동안 일을 시키려 했다. 반대로 노동자들은 더 많은 임금을 받고, 안전한 환경에서 짧은 시간만 일하기를 원했다. 노동자들은 '노동조합'을 만들어 자기의 권리를 지켰다.

국가도 상품 생산에 관한 각종 법률과 규칙을 만들어서 상품의 품질을 엄격히 관리하기 시작했다. 생산자는 품질 관리를 위해 들이는 노력과 비용만큼 더 비싼 값에 물건을 상인에게 넘겼다. 대신 상인은 일정한 품질의 제품을 언제든 필요한 만큼 가게에 준비해 둘 수 있었다.

주식회사가 탄생하다

뜻이 맞는 상인끼리 함께 사업을 하는 경우도 있었다. 그런데 서로의 이익을 위해 손을 잡은 공동 사업자 간의 관계는 기존의 가족 회사와는 달랐다. 공동 사업자가 사업을 그만두거나 사망하는 경우 동업하던 사람들은 그 사람 몫의 돈을 돌려주고 공동 사업을 해체했다. 공동 사업자는 회사에 관한 모든 일에 함께 책임을 져야 했는데, 만일 회사가 빚을 지면 개인 재산을 다 팔아서라도 빚을 갚아야 했다.

이런 위험 요소를 없애고 오랫동안 사업을 지속하고자 '주식회사'가 만들어졌다. 주식회사는 '주식'을 발행하고 판매해서 회사에 필요한 자본을 모은다. 돈을 주고 주식을 산 '주주'는 자신이 가진 주식에 해당하는 만큼만 회사 일에 책임을 진다. 회사가 망해도 소유한 주식만큼만 손해를 보는 것이다. 또한 주주는 자기 주식을 다른 사람에게 팔 수도 있고, 자손에게 물려줄 수도 있어서 주주가 은퇴하거나 사망

하더라도 회사는 그대로 유지된다. 이런 주식회사는 17세기 초 네덜란드의 동인도 회사에서부터 시작되어 18세기에 들어서면서 널리 퍼졌다.

암스테르담의 동인도 회사 조선소 (조셉 뮐더르, 1726)

국민주의의 등장과 상인

미국 독립 전쟁과 프랑스 혁명을 거치며 성장한 중산층, 부르주아 계급은 유럽 전역에서 절대 왕권에 도전했다. 이들은 수동적으로 왕에게 복종하는 것이 아니라 적극적으로 국가 운영에 참여했다. 19세기부터 20세기 초까지 같은 문화와 언어를 공유하는 '국민'을 국가의 근본으로 삼는 '국민주의'가 전 세계로 퍼져나갔다. 이 영향으로 지방마다 남아 있던 거래 장벽이나 제한이 사라졌고, 국가 안에서 사용하는 화폐 종류가 하나로 통일되었으며, 국산품을 사고파는 데는 여러 혜택이 주어졌다. 국민주의가 성장하면서 국제 교역에도 국가가 직접 끼어들어 상인의 활동을 감독하기도 했다.

제국주의와 금융 자본주의의 등장

1870년대 이후 한 나라가 다른 나라를 군사 · 정치 · 경제적으로 지배하는 '제국주의'가 등장했다. 상인은 정부와 협력하여 식민지에서 구리, 철광, 석유 같은 광물과 자원을 손에 넣기 위해 광분했다. 또한 식민지는 지배국에서 생산한 각종 상품을 소비하는 거대한 시장이 되기도 했다. 교역은 대량으로 상품을 생산하는 거대 기업이나 국가가 주도했고, 이전처럼 큰 규모의 국제 교역을 책임지는 상인은 거의 사라졌다.

20세기에 접어들면서 시장에는 좋은 품질의 값싼 물건이 넘쳐났다. 대량으로 물건을 만들고 팔면서 사업의 규모가 커지고 복잡해졌다. 대규모 사업에는 많은 돈이 필요했기 때문에 회사는 주식을 발행해서 자본을 모으고, 은행이나 보험회사에서 돈을 빌려 사업에 투자했다. 이러한 '금융업'이 성장하면서 전체 경제를 지배하는 '금융 자본주의'가 성장했다.

20세기 이후 상인 직업의 변화

20세기 이후 '상인'이라는 직업이 복잡해졌다. 자기 가게를 열어 고객에게 음식, 옷, 생활용품을 파는 상인도 있지만 많은 사람이 큰 회사에 들어가 사업 관리자, 상점 지배인, 부서 책임자 등의 이름으로 일했다.

회사는 최대 이익을 내기 위해 직원을 전문 영역별로 나눴다. 소비자의 취향과 그 변화를 파악하는 사람, 상품을 사람들에게 소개하고 알리는 사람, 고객을 직접 응대하고 관리하는 사람, 새로운 판매 방식을 개발하는 사람, 돈이 들어오고 나가는 것을 계산하는 사람, 자본을 끌어들이고 이익이 날 만한 곳에 투자하는 사람 등 맡은 일에 따라 해야 하는 일이 구분되었다.

기업의 규모가 커지고, 상점에 갖춰두어야 하는 물건의 종류와 양이 많아지면서, 손님에게 팔 상품을 사들이는 '구매'가 중요해졌다. 구매를 담당한 사람은 전문적으로 물건을 고르고, 도매상이나 생산자와 가격을 흥정했다. 제조회사는 여러 고객을 직접 상대하지 않고 전문적인 유통회사나 구매 담당자에게 물건 판매를 맡겼다. 소매상의 판매원은 손님에게 물건을 팔고 가게를 관리했다. 도매상의 판매원은 자기가 맡은 지역의 상점을 돌아다니며 물건을 팔았다. 이들은 정해진 월급이 아니라 자기가 판 상품의 가격에 따라 수수료를 받았는데, 물건이 잘 팔리면 큰돈을 벌었지만, 안 팔릴 때는 한 푼도 가져가지 못했다.

여러 종류의 상인

주인 대신 거래를 전부 책임지는 사람이 '대행인'이다. 고대 이집트는 레바논 지역에서 사이다*를 사기 위해 파라오를 대신하는 사람을 보냈고 이 대행인이 거래의 모든 것을 결정했다. 대행인 중에는 상품 파는 일만 전담하는 사람도 있었다.

로마 시대부터 예술품, 골동품, 귀금속을, 대항해시대 이후에는 담배나 노예를 경매**에 넘겨 팔았는데, 이 일을 하는 사람이 '경매인'이다. 오늘날에도 시장에서 농, 수산물을 파는 경매인을 흔히 볼 수 있고, 특히 골동품이나 예술품은 경매로 파는 경우가 많다.

19세기부터 국가의 치안이 좋아지면서 여행이 안전해졌다. 1841년 영국의 토머스 쿡은 여러 사람을 모아 함께 기차 여행을 가는 서비스를 처음으로 제공했고, 1952년에는 단체 여행객을 유럽과 아프리카에 보냈다. '여행업자'는 미리 여행 갈 장소의 숙박, 식사, 관광, 교통 등을 여행을 원하는 사람 대신 준비한다. 20세기 들어서 여행업은 전 세계적인 규모의 사업으로 성장했다.

---

*   사과로 만든 음료, 우리나라의 탄산음료 사이다와는 다르다.
** 물건을 제일 높은 가격을 부른 사람에게 파는 일

근대 중국의 상업과 상인

아편 전쟁과 개항

영국은 18세기부터 중국과의 교역에서 막대한 손해를 보고 있었다. 영국은 중국으로부터 차, 비단, 도자기를 사가고 은을 지급했다. 하지만 영국은 중국에 팔만한 것이 별로 없었기 때문에 해마다 막대한 양의 은이 중국으로 빠져나가기만 했다. 손해를 덜고자 동인도 회

아편을 피우는 중국인

사는 인도에서 재배한 아편을 중국에 몰래 팔기 시작했다. 아편은 진통제와 환각제로 중국에서 인기가 있었지만, 중독성이 강해 중국 정부

아편전쟁 당시 영국 군함의 공격을 받은 중국 배, 영국 군함은 철로 만든 증기선이었고, 중국 배는 목재로 만든 돛단배였다. (에드워드 던컨, 1843)

가 사용을 금지한 것이었다. 동인도 회사는 관리에게 뇌물을 주고 보란 듯이 아편을 유통했고, 중국에는 아편 중독 환자가 늘어났다.

청나라 황제는 임칙서를 광저우로 보내 아편을 단속하게 했다. 임칙서는 2만 상자의 아편을 압수해서 불에 태워 버렸다. 1840년 영국 정부는 이를 트집 잡아서 자기 나라 상인을 보호한다는 명분으로 군함을 보내 청나라를 공격했다. 청나라 정부는 이를 당해내지 못하고 막대한 배상금과 홍콩을 영국에 내주게 되었다. 또한 광저우 외의 항구도 외국에 개방하여, 행상이 외국 교역을 독점하는 제도가 없어지고 외국 상인들은 다섯 개의 항구에서 마음대로 교역할 수 있게 되었다. 청나라가 배상금을 마련하기 위해 상인들에게서 돈을 거두어서 많은 상인이 망하기도 했다.

외국 상인과 함께 일한 매판

외국 상인들은 청나라와 마음대로 교역할 수 있게 되었지만 오히려 곤란해졌다. 행상이 없어지자 외국 상인은 교역을 위해 누구를 만

나서 어떤 방식으로 거래해야 하는지, 물건 가격으로는 얼마를 내야 하는지 등을 알 수 없었다. 또한 생활하며 겪는 어려움을 해결해 줄 사람도 찾을 수 없었다. 그래서 이들은 청나라의 간섭을 받지 않으면서 일을 대신해줄 현지 상인을 고용했다. 외국 상인의 중국 생활을 돌봐주고, 중국 상인과 연결해주며, 물건을 구매하고, 서양 상인 대신 거래를 이끄는 상인을 '매판'이라 했다.

매판은 외국 상인과 일하면서 자본을 모으고 외국의 상업 관련 지식을 습득해서 고용인과 피고용인 관계가 아닌 동업자와 같은 지위로 성장했다. 19세기 후반 중국에는 증기 기관 선박, 기차 등의 새로운 운송 수단이 들어오고, 보험업, 금융업, 창고업, 해운업 등이 성장했다. 매판은 이런 변화에 빠르게 적응해서 자본을 축적하고, 근대적인 상업 기술을 배우고, 적극적으로 사업을 확장해서 크게 성장했다. 하지만 매판을 서양 문화를 무조건 높이 보고, 외국인의 이익을 위해 일하는 '외국인의 노예'라며 비난하는 사람도 많았다.

양무운동과 근대적인 '기업'의 탄생

19세기 말, 청나라에서는 유럽의 새로운 기술과 문물을 받아들여 강한 나라를 만들자는 '양무운동'이 일어났다. 청나라는 총과 대표, 화약을 생산하는 군수 산업을 육성했고, 여기에 필요한 석탄과 철을 공급하기 위한 광산업도 발전했다.

당시 배를 이용한 물자의 수송은 모두 외국 회사가 담당했는데, 청나라는 1872년 상하이에 외국 해운회사에 대항하기 위한 '윤선초상국'을 만들었다. 윤선초상국은 정부에서 만들고 감독하며, 민간인이 자본을 투자하고 운영하는 일종의 국영기업*이었다. 미국 선박 27척을 사들여 해운회사로 본격적인 사업을 시작한 윤선초상국에 많은 매판이 참여했다. 당시 증기선의 연료는 석탄이었는데 석탄은 일본 회사가 독점하고 있었다. 이에 상인들은 석탄 탄광을 새로 개척해서 일본 석탄회사를 몰아내고, 석탄을 수송하기 위한 철도도 새로 건설했다.

중국 근대 상업을 설계한 성선회

성선회(1844~1916)는 청나라 말기의 정치가이자 사업가이다. 성선회는 대대로 관리를 배출한 집안 출신이라 처음에 유학을 공부했지만 그리 신통치 못했다. 하지만 사업을 계획하고 추진하는 능력이 뛰어나 당시 중국의 권력자이자 양무운동의 주축이었던 이홍장 밑에서 실력을 발휘했다. 그는 이홍장에게 상선의 중요성을 설득해서 윤선초상국을 만들고, 중국 특유의 '관독상판'이라는 방식을 고안했다. 청나라 말기의 국영기업은 대부분 성선회가 기획해서 만들어져서 그를 '상업의 아버지'라고 불렀다.

* 국가가 설립하여 관리, 경영하는 기업.

청나라는 양무운동으로 군사적인 근대화를 달성했지만 사회와 정
치 체제의 근본적인 변화가 이루어지지는 않았다. 결국 개혁에 실패
한 청나라는 프랑스와의 전쟁, 일본과의 전쟁에서 잇달아 패하고, 계
속되는 정치적인 혼란 속에서 급속히 몰락했다.

20세기 이후의 중국 상업

1911년 신해혁명으로 중화민국이 탄생하였고, 1912년 청나라 왕
조는 역사 속으로 그 모습을 감추었다. 그 후 공산당과 국민당의 내
전, 일본의 침략 등 전쟁의 참화에 시달리던 중국은 1949년 국민당
과의 내전에서 승리한 공산당이 중화인민공화국을 수립했다. 중화
인민공화국은 개인의 재산 소유와 시장 거래를 인정하지 않는 사회
주의 국가였다. 사회주의 국가에서는 생산과 유통을 모두 국가가 통
제했기 때문에 자유롭게 물건을 사고파는 상인은 존재할 수 없었다.
하지만 1978년 중국 공산당은 수요와 공급에 따라 상품의 가격이 정
해지고 거래되는 시장 경제의 원리와 제도를 인정하고 받아들였다.
1980년에는 선전, 주하이, 산토우, 샤먼 등 4개 도시를 경제특구로 만
들어 외국 기업이 자유롭게 투자하도록 했다. 이후 40여 년간 중국
경제는 빠르게 성장해서 현재는 세계 2위의 경제 대국이 되었으며,
중국의 시장을 겨냥한 전 세계의 상인이 몰려들고 있다.

격변하는 세계와 만난
조선 상인

개항과 외국 상인의 등장

조선은 19세기 이전까지 중국과 일본을 제외한 다른 나라와 거의 교류하지 않았다. 권력을 장악한 흥선대원군(1821~1898)은 나라의 문을 걸어 잠근 채 서양 세력의 접근을 물리쳤다.

하지만 흥선대원군이 권력에서 밀려난 다음 조선은 군함을 앞세운 일본과 1876년 '강화도 조약'을 체결하고 부산, 원산, 인천의 세 항구를 외국에 개방했다. 강화도 조약은 일본의 강압으로 맺어진 불평등조약으로, 조선에 불리했다. 이 조약으로 일본 상인은 우리나라에서 마음대로 장사를 할 수 있었으며, 조선은 일본 상품을 수입할 때 세금을 매기지 못했다. 또한 쌀과 곡식의 수출량을 제안하지 않아서 일본 상인은 무제한으로 우리 쌀을 사들여 일본으로 가져갈 수 있게 되었다.

개항 이후 조선은 쌀, 콩, 쇠가죽 등을 수출하고 면직물을 수입했다. 자원을 수출하고 대량 생산된 공산품을 수입하며 조선의 자체적인 공업은 발전하지 못했다. 외국에 개방된 항구의 객주가 새로운 상업의 강자로 떠올랐다. 이들은 외국 상인에게 거래를 주선하고 수수료를 받거나, 외국

흥선대원군이 통상 수교 거부 의지를 널리 알리기 위하여 세운 비석, 척화비

상인을 대신해서 수입 상품을 팔아 부를 쌓았다.

서울에 진출한 외국 상인

개항장 안에서만 활동하던 외국 상인은 1882년부터 서울에 가게를 차려 직접 장사를 할 수 있었다. 중국, 일본, 영국 상인이 1883년 한강변 양화진에 가게를 내고 장사를 시작했다. 주요 상품은 면직물 등 수입 옷감이었다. 청나라와 일본 상인이 칠패와 이현 시장까지 진출하자 시전 장인, 특히 면포를 파는 상인은 큰 타격을 받았다. 금난전권은 외국 상인에게 적용할 수 없었기 때문에, 시전 상인은 외국 상인에게 물건을 파는 국내 상인을 단속해서 외국 상인을 견제하려고 했다. 또한 서울 상인들은 조정 관리와 함께 '대동 상회', '의신 회사' 같은

회사를 만들어 청·일 상인에게 대항하고, 이들을 서울에서 내보내라고 조정에 요구하기도 했다. 하지만 1896년 갑오개혁으로 금난전권은 완전히 사라졌고, 외국 상점은 더욱 늘어났다.

외국에서 온 새로운 상품

외국과 교역하며 맥주, 커피, 양복, 구두, 성냥 등 세계 각지의 새로운 산물이 들어왔다. 일본 상인이 막대한 양의 쌀을 사서 일본에 보내면서 국내에서 소비할 쌀이 부족해져 베트남에서 처음으로 쌀을 들여오기도 했다.

일반인의 생활에 가장 큰 영향을 끼친 물건은 성냥과 석탄, 석유와 같은 제품이었다. 부싯돌을 이용해서 불을 켜는 것은 번거로웠기 때문에 집집이 불씨를 꺼트리지 않고 계속 보존하는 것이 중요했다. 그래서 아무 때나 편하게 불을 땔 수 있는 성냥을 누구나 애용했다. 밤을 밝히기 위해서는 석유를 사용했고, 겨울 난방에 땔나무 대신 석탄을 이용했다.

학질 치료에 특효라는 '금계랍(키니네)', 염증을 치료하는 '소독환' 같은 서양 약품도 큰 인기였다. 자전거, 시계, 재봉틀 같이 이전에는 없었던 새 물건들이 사람들의 일상을 바꿨다.

국권 상실과 식민지 시대의 상인

1897년 조선은 외국의 개입으로 떨어진 나라의 권위를 세우고, 자주성을 확보하기 위해 나라 이름을 '대한제국'으로 바꾸고 고종은 '황제'가 되었다. 하지만 러일 전쟁에서 승리한 일본은 우리나라를 지배하기 위한 야욕을 노골적으로 드러냈다.

1905년 7월, 일제의 주도하에 '화폐 정리 사업'이 시행되었다. 화폐 정리 사업은 대한제국의 화폐를 없애고 일본 은행에서 발행한 화폐를 사용하도록 하는 것으로 대한제국의 경제를 장악하는 수단이었다. 1910년에 일제는 대한제국을 강제로 합병해서 식민지 지배를 시작해 물자를 수탈했고 일본 상품의 소비 시장으로 삼았다. 1914년에는 '시장 규칙'을 만들어 모든 시장이 총독부의 허가를 받고 열 수 있도록 만들었다.

또한 일본은 자국 상인의 진출을 적극적으로 지원했다. 우리나라 상인은 큰 거래를 전부 빼앗기고 밀려나 명태, 소금, 모시 등 국내 제품만을 팔았고 비싼 고급품, 외국 제품의 판매는 일본 상인의 몫이었다. 서울은 청계천을 경계로 북쪽의 종로와 동대문시장, 남쪽의 충무로, 명동, 남대문으로 나뉘었다. 북쪽은 우리나라 상인의 터전이었고, 손님도 우리나라 사람이 대부분이었다. 남쪽은 일본인 상인의 영역이었으며, 고객은 대부분 일본인이거나 우리나라 사람 중 일부 부유층이었다. 일본인 지역의 상점은 최신 유행 상품이 가득했고, 거리는 화려한 조명 아래 밤늦게까지 북적거렸다.

1930년대 초반 서울의 인구는 약 40만 명이었고, 이중 13만 명이 직업을 가졌다. 직업인 중 약 30%에 해당하는 4만 명가량이 상업에 종사했다. 자기 사업을 하거나 가게를 가진 사람이 약 39%, 다른 사업체에 고용되어 월급을 받는 사람이 약 41%, 좌판이나 행상이 약 18%였다. 대형 상점과 백화점이 등장하면서 고용인이 점점 늘어났고, 백화점에는 처음으로 물건을 판매하는 여성 직원이 고용되기도 했다. 여성 직원은 당시 고등 교육기관인 상업고등학교나 고등 여학교 출신이었다. 독립운동 단체에 몰래 가입해서 활동하는 상인들도

독립운동을 한 상인, 김시문

김시문은 1892년 개성에서 가난한 농부의 아들로 태어났다. 그는 어려서 부모님을 모두 잃고 15세 무렵부터 상점의 점원으로 일했다. 일하면서 모은 돈과 퇴직금으로 작은 식료품 가게를 연 김시문은 야간학교에 다니며 민족의식을 키웠다. 일제가 그를 위험인물로 낙인찍고 감시하자, 김시문은 1916년 상하이로 건너가 인삼 행상으로 돈을 벌어 1922년에는 '김문공사'라는 잡화점을 열었다. 김시문은 자기 가게를 독립운동가들이 모이는 장소로 제공했으며, 대한민국 임시 정부에 많은 돈을 지원했다. 1925년에는 독립신문을 사서 경영했으며, 일제에 체포된 독립운동가의 가족을 돕고, 상하이에 온 유학생의 학비를 지원하는 등 평생 상인이자 독립운동가로 활동했다.

있었고, 1919년 3월 1일 전국적으로 독립만세운동이 일어나자 3월 말까지 가게 문을 닫아거는 철시 투쟁을 벌였다.

해방 이후 발전한 대한민국의 상업

1945년 일제의 패망으로 독립한 대한민국은 1948년 정부를 수립하고 새롭게 출발했으나 1950년 6·25 전쟁의 참화를 겪었다. 그러나 전쟁의 참화를 딛고 경제 개발에 힘쓴 결과 1960년 경제가 빠르게 발전하였으며 백화점, 슈퍼마켓, 연쇄점(체인점) 등 근대적인 형태의 상점이 등장했다.

1980년대 이후에는 '마트'라고 부르는 대형 할인점, 편의점 등이 생겨났다. 또한 시장법, 소비자 보호법, 공정 거래법이 시행되어 상거래의 기본 질서가 자리 잡았다. 전통 재래시장에서 가게를 열고 장사하는 상인은 여전히 우리나라 상업에서 큰 역할을 하고 있으며, 가게가 아니라 길거리에 물건을 펼쳐 놓고 장사하는 노점상, 화물차에 채소나 과일을 싣고 돌아다니며 판매하는 행상도 찾아볼 수 있다.

1990년대 이후에는 인터넷과 IT 기술의 발전으로 '온라인 상점'이라는 새로운 형태의 상거래가 등장했다. 21세기 이후 스마트폰의 보급으로 온라인 상점은 일상생활에서 뗄 수 없는 필수 요소가 되었다. 최근 코로나19가 전 세계를 강타하면서 외출이 자유롭지 못한 상황이 계속되자 온라인 상점의 중요성이 더욱 부각되었다.

6 · 25 전쟁 직후 우리나라의 1인당 국민총생산GDP은 65달러로 가난한 나라였다. 하지만 1970~1980년대를 거치며 대한민국 경제는 빠르게 발전했고, 2021년 기준 세계 10위의 경제 대국으로 성장했다. 외국과의 교역 액수는 1조 2596억 달러로 세계 8위, 우리 상품의 수출액은 6445억 4천만 달러로 세계 7위의 명실상부한 경제 선진국 대열에 올라섰다. 이 놀라운 성장의 주인공인 우리나라 상인들은 지금도 세계 곳곳에서 다양한 물건을 거래하고 있다.

오늘날과
미래의 상인

팔고 싶은 품목이 있다면 상인이 되는 것은 어렵지 않다. 하지만 상인으로 성공하기 위해서는 사람들이 필요로 하거나 원하는 품목을 잘 선택하여 잘 판매할 수 있어야 한다.

누구나 될 수 있는
상인

사업자 등록을 하자

상인은 물건을 유통하는 일로 돈을 버는 사람이다. 오늘날 대한민국에서는 특별한 자격이나 조건을 갖출 필요 없이 누구나 상인이 될 수 있다. 단, 물건을 판매해 돈을 벌면 나라에서 정한 세금을 내야 해서 국세청에 자기가 하는 사업을 등록해야 한다. 이를 사업자 등록이라고 한다. 사업자 등록을 위해서는 세무서에 직접 찾아가도 되고, 국세청 사이트에 필요 서류를 제출해도 된다. 등록 신청을 하면 며칠 내로 등록이 끝나며 사업자 등록증이 주어진다. 미성년자도 법적 보호자가 동의하면 사업자 등록을 할 수 있다. 법의 보호를 받고 정당한 상업 활동을 하려면 사업자 등록은 꼭 필요한 일이다. 만일 물건을 사고팔면서 세금을 내지 않으면 엄한 처벌을 받는다.

우리나라 법에서 정의하는 상인과 상법

우리나라 법은 상인을 '자기 이름으로 상행위를 하는 사람 혹은 회사'라고 정의한다. 점포와 비슷한 시설을 갖추고 영업을 하는 사람은 상행위를 하지 않더라도 상인으로 취급한다. 이처럼 법에서 상인을 정의해둔 이유는, 상인으로 인정받은 사람이나 단체는 상거래와 기업 경영에 관한 '상법'을 지켜야 하고, 이를 어기면 처벌받기 때문이다.

변호사와 의사는 상인일까?

변호사는 법률 서비스를, 의사는 의료 서비스를 제공하고 그 대가를 받는다. 그러나 보통 변호사나 의사를 '상인'이라고 생각하지는 않는다. 하지만 상법에 따르면 변호사와 의사를 상인이라고 볼 수도 있다. 변호사는 사무실을, 의사는 병원을 차리고(점포 및 유사한 설비) 간판을 내걸어 광고한다(상인적 방법). 그래서 변호사나 의사와 같은 전문직업인도 상인이라는 주장이 있다.

하지만 의뢰인 변호나 환자 치료는 상행위에 포함되지 않는다. 대법원은 변호사가 상인이 아니라는 판결(2007년 7월 26일)을 하기도 했다. 게다가 '변호사법'과 '의료법'이 따로 있어서 변호사와 의사는 각각 해당하는 법을 따라야 한다.

백화점에서 상품을 파는 사람, 전자 제품 대리점에서 전자 기기를 파는 사람, 대기업에서 자기들이 만든 제품을 다른 도매상이나 소매상에 파는 사람도 상인이 아니라 '직원'이라고 본다. 상법에서는 '임금을 받을 목적으로' 하는 일은 상행위가 아니라고 정해 두었다.

상인 중에서 사업에 투자한 돈(자본금)이 1천만 원 이하이며 회사가 아닌 개인은 '소상인'으로 분류한다. 소상인은 상업 활동의 규모가 작아서 상법에서 정한 규칙 중 가게 이름인 '상호', 상업에 관련해 정해진 사항을 국가에 등록하는 '상업 등기', 돈이 들고 나는 것을 기록하는 '상업 장부'에 관해 정해진 법을 따르지 않아도 된다.

훌륭한 상인은 어떤 상인일까?

훌륭한 상인은 자기 일에서 최대한의 이익을 얻기 위해 제품을 '올바르게' 판매할 줄 아는 사람이다. 올바르게 판매한다는 것은 제품의 규격이나 성능을 고객에게 정확히 전달하고, 자신도 이익을 보지만 고객이 너무 비싼 값을 치르지 않도록 적당한 가격을 정하며, 혹시 판매한 상품에 문제가 있으면 다른 물건으로 교환을 해주는 등 팔고 난 다음에도 서비스를 소홀히 하지 않는 것이다.

이를 위해서는 무엇보다도 자신이 팔고 있는 제품에 대해 전문적인 지식을 반드시 가져야 한다. 전문적인 지식이 있어야 남들보다 좋은 물건을 더 싸게 공급할 수 있고, 이를 통해 치열한 경쟁을 무릅쓰고 성공할 수 있다. 또한 고객과의 약속은 물론이고 동료 상인과의 약속도 철저하게 지키는 '신용'이 무엇보다 중요하다. 신뢰할 수 없는 물건을 판매하거나, 돈이 오고 가는 약속을 지키지 않는 상인은 일을 계속할 수 없다. 상인들이 모인 단체나 조합에서는 저마다 상인으로서 지켜야 할 윤리 규칙을 정하고 이를 지키려고 한다.

상인에 어울리는 적성

누구나 마음만 먹으면 상인이 될 수 있지만, 훌륭한 상인으로 거듭나기 좋은 개인적 특성은 있다. 상인은 늘 다른 사람과 거래하기 위해 약속하고, 가격을 비롯한 거래 조건을 협상하고, 고객이 원하는 것이 무엇인지 듣고, 자기가 파는 상품의 장점을 설명해서 소비자가 구매하도록 설득해야 한다. 성격이 활발하고 사교성이 좋아 사람 만나는 것을 즐기는 사람은 이런 종류의 일을 즐거운 마음으로 잘 할 수 있기에 상인으로 성공할 가능성이 크다. 또한, 판매하려는 상품과 서비스를 직접 확인하기 위해 전 세계를 돌며, 동료 상인과 고객을 만나기 위해서 여기저기 다니는 일이 있기 때문에 활동적인 사람이 상인에 잘 어울린다. 때로는 큰 액수의 거래가 자신의 결정 하나로 성공하거나 실패할 수 있기에, 변화하는 상황에 민감하게 대처하고 빠르게 판단을 내릴 수 있어야 한다.

또한 상인의 일은 돈과 직접 관련된 일이다 보니 다른 사람과 이익을 두고 다투는 경우가 많다. 고객은 조금 더 싼 값에 물건을 사고 싶어 하고, 상인은 가능하면 좋은 값을 받고 싶어 한다. 동료 상인과도 때로는 협력하지만 때로는 치열한 경쟁을 벌인다. 일을 하면서 겪는 갈등 상황이 잦고 때로는 큰 다툼으로 이어지기도 하기 때문에 갈등을 잘 조정하는 능력도 상인에게는 매우 중요하다. 이는 수천 년 전 고대 상인이나 21세기의 상인이나 변하지 않는 특징이다.

미래의 상인

온라인 상점의 급격한 성장

1994년, 미국에서 최초로 인터넷으로 상품을 판매하는 '온라인 상점'이 등장했다. 최초의 온라인 상점은 '아마존Amazon'으로, 처음에는 책을 판매하는 인터넷 서점이었다. 우리나라 최초의 온라인 상점은 '인터파크'로 1996년 처음 등장했다.

정보통신 기술의 발전으로 온라인 상점 이용은 더욱 빠르고 편리해졌으며, 온라인 상점은 빠르게 발전했다. 2005년 온라인 상점에서 거래된 상품의 총액은 약 10조 6천억 원이었으나 2015년에는 약 53조 8천억 원으로 10년 만에 5배 성장했다. 2021년 기준으로는 총거래액이 192조 8946억 원으로 2005년에 비해 18배 이상 늘어났다. 이 액수는 우리나라 전체 소매상 판매액의 27.8%이다.

코로나19가 온라인 쇼핑에 미친 영향

코로나19로 온라인 상점에서 주로 구매하는 상품의 종류에도 큰 변화가 있었다. 아래 그림을 보자.

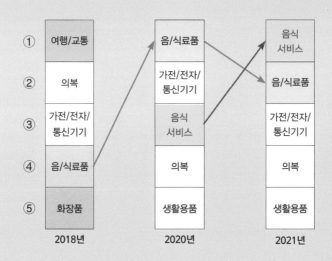

코로나19 유행 전, 2018년에는 사람들이 온라인 상점에서 여행/교통 상품을 가장 많이 구매했다. 하지만 코로나19가 유행하면서 외출과 이동이 제한된 2020년에는 쌀, 채소, 고기 등 음/식료품 구매가 1위가 되었고 여행/교통, 화장품은 5위 밖으로 밀려났다. 코로나19가 한창 유행하던 2021년에는 집에서 음식을 시켜 먹는 음식 배달 서비스가 1위로 올라갔다. 이처럼 온라인 쇼핑의 변화는 감염병의 유행에 따른 사람들의 행동 변화를 잘 보여준다.

스마트폰과 태블릿 등의 모바일 기기로 온라인 상점을 이용하는 비율도 점점 늘어나 이제는 온라인 거래의 70% 이상을 차지한다. 특히 2020년 이후 전 세계를 휩쓴 코로나19로 외출과 야외활동이 제한되며 온라인 상점에서 필요한 것을 구매하는 사람은 더욱 늘어났다. 코로나19가 지나간 세상에서도 사람들이 이미 온라인 쇼핑에 익숙해진 만큼 온라인 상점은 계속 성장하리라 예상된다.

가상 세계에서 사는 사람들

기술의 발전은 이제 인터넷 공간에 마치 현실과 같은 가상 세계를 만들기에 이르렀다. 이 가상 세계에서 '아바타avatar*'로 자기 모습을 꾸민 사람들은 실제 세상에서 하는 것처럼 다른 사람을 만나고, 게임을 하고, 물건을 거래하고, 돈을 번다. 게다가 이제 이런 가상의 공간, 온라인 세계는 현실 세계와 밀접하게 연결되어 어디까지가 가상이고 어디서부터가 현실인지 그 경계가 흐릿해지고 있다. 이런 세상을 '더 높은', '넘어선'이라는 뜻을 가진 '메타meta'와 '이 세상'을 뜻하는 '유니버스universe'를 합쳐 '메타버스metaverse**'라고 부르는데, '현실을 넘어선 가상의 세계'라는 뜻이다. 아바타는 가상 세계에서 일을 하거

---

* 컴퓨터 게임이나 인터넷 모임에서 사용자를 대신하는 캐릭터
** '메타버스'라는 용어는 닐 스티븐슨이라는 SF작가의 1992년 소설 『스노 크래시』에서 처음 등장했다.

나, 자기 물건을 팔거나, 아니면 현실 세계의 화폐를 대가로 주고 가상 세계에서 통하는 돈을 번다. 이 돈으로 아바타는 공연을 보고, 운동 경기를 즐기며, 은행에서 돈을 예금하기도 하고, 땅을 사서 자기 집을 짓거나, 큰 빌딩에 사무실을 구한다. 자기 모습을 멋지게 꾸미는 데도 돈을 아끼지 않는다. 현실 세계와 다르지 않다.

무한한 가능성이 있는 메타버스의 상인

가상 세계의 상인은 크게 두 종류로 나뉜다. 우선 현실에서도 같은 일을 하면서 가상 세계에 자기의 쇼핑몰을 차린 상인이다. 이 상인이 운영하는 가상 세계의 상점은 온라인 상점과 차이가 없다. 예를 들어 구두 가게를 운영하는 상인이 가상 세계에 연 구두 가게에서 아바타가 신발을 사면, 같은 신발이 신발을 구매한 아바타 소유자의 집으로 배달되는 식이다.

또 다른 상인은 아예 가상 세계의 아바타에게 필요한 옷, 장신구, 무기 등의 아이템을 팔거나 아바타가 사는 집, 그 집을 꾸밀 가구나 실내 장식 등 가상 세계에 필요한 물건을 판다. 아바타용 제품을 디자인하거나 제작하는 사람도 있다. 이렇게 번 돈은 현실 세계의 화폐로 바꾸기도 하고, 현실 세계의 물건을 사는 데 사용하기도 한다.

과학 기술의 발전과 인간의 무한한 상상력을 바탕으로 가상 세계의 발전 가능성은 무한하다. 전 세계적인 대기업들이 너나 할 것 없이

3D 아바타 플랫폼 '제페토'에서 판매하는 크리스찬루부탱 아바타 제품 목록

메타버스 관련 사업에 막대한 비용을 투자하고 있다.* 우리나라에서도 수많은 기업과 인력이 메타버스 기술을 개발하고, 메타버스에서도 통할 만한 사업을 기획하고 있다. 가상 세계와 현실 세계의 구분이 사라질수록 가상의 물건을 팔아 큰돈을 버는 상인이 많아질 것이다. 온라인 상점의 규모가 몇 년 만에 수십 배 커진 것처럼, 메타버스에서 아바타 용 아이템을 판매하는 이들이 21세기 상업 활동의 새로운 주인공이 될지도 모른다. 지금까지의 역사를 살펴보면 언제나 환경의 변화에 빠르게 대응한 상인이 살아남았고, 그러지 못하고 옛 방법만을 고수하던 상인은 몰락했다는 교훈을 배울 수 있다.

* 2021년 10월 28일 '페이스북'은 회사 이름을 '메타'로 바꾸고, 창업자이자 CEO인 마크 저커버그는 "메타버스가 새로운 미래이며, 페이스북은 5년 후에는 메타버스 기업으로 알려지기를 바란다"라고 했다.

온라인 상점의 주인 되기

나도 시작해볼까? 온라인 상점

누구나 마음만 먹으면 상인이 될 수 있다. 하지만 시작하기 전에, 팔려고 하는 상품이 다른 사람들이 파는 같은 종류의 상품보다 더 품질이 좋거나 가격이 저렴한지 확인해야 한다. 만일 그런 상품이 있다면 가게를 열고 장사를 시작하기에 좋다. 가게를 얻고, 내부를 장식하고, 필요한 가구와 설비를 들이려면 많은 돈이 필요하다. 하지만 온라인 상점이라면 훨씬 간단하게 장사를 시작할 수 있다.

먼저 '사업자'가 되자

어떤 형태이든 상업 활동을 시작하기 전에 먼저 사업자 등록을 하고 사업자 등록증을 받아야 한다. '사업자 등록'이란 내가 사업을 시

국세청 홈택스 사이트 – 사업자 등록 선택

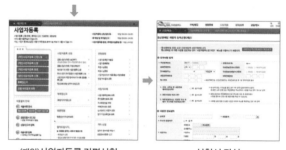

(개인)사업자등록 간편신청 –   신청서 작성
통신판매업 등록신청

사업자 등록 절차

작한다는 사실을 국가에 알리고, 세금을 내기 위한 정보를 국세청의 장부에 기록하는 것이다. 등록이 끝나면 국세청은 이를 증명하는 사업자 등록증을 내준다.

사업자 등록은 반드시 그 일을 실제로 하는 사람의 이름으로 해야 하고, 미성년자는 부모나 법정 대리인의 동의를 얻어야 한다. 사업의 종류에 따라 필요한 서류를 준비해서 세무서에 신고하면 신고일로부터 2일 이내에 사업자 등록증이 발급된다. 국세청에서 운영하는 홈텍스 웹사이트(https://www.hometax.go.kr/)에 접속해서 인터넷으로 쉽게 등록할 수도 있다. 특히 온라인 상점을 시작하는 사람을 위한 사람을 위한 메뉴는 따로 있다. 인터넷으로 신청하면 1~2일 안에 사업자 등록증을 내려 받을 수 있다.

온라인 상점을 열어보자

커다란 쇼핑몰이나 백화점에 작은 상점들이 모여 있듯이, 개인이 자신만의 온라인 상점을 손쉽게 열 수 있는 인터넷 웹사이트가 있다. 국내의 손꼽는 대형 포털 사이트도 개인이 쉽게 온라인 상점을 열고 장사하도록 지원해준다. 이런 사이트를 이용하면 쉽게 온라인 상점을 열어 물건을 팔고, 돈을 받고, 고객에게 물건을 보낼 수 있다.

하지만 이런 사이트를 이용하면 상점 주인은 물건 판매 액수에 따라 책정되는 금액 혹은 정해진 비용을 인터넷 사이트를 운영하는 회사에 내야 한다. 웹사이트를 구성하는 것부터 시작해서 처음부터 끝까지 직접 온라인 상점을 만들고 운영한다면 비용을 아낄 수도 있다.

온라인 상점을 열기 전에 팔려는 상품이 멋져 보이도록 사진이나 동영상을 찍고, 설명하는 글을 쓰고, 얼마에 판매할지 가격을 정해야 한다. 상품을 설명할 때는 상품의 원산지, 규격, 품질 등 정확한 정보를 전달해야 한다. 상품을 판매하는 데 들어가는 비용을 제외하고 실제로 얼마를 벌 수 있는지, 같은 종류의 상품은 얼마에 판매되고 있는지, 고객은 보통 이 상품에 얼마나 돈을 쓰려고 하는지 등을 잘 살펴 상품 가격을 정한다.

온라인 상점이라면 꼭 해야 하는 '통신판매업 신고'

온라인 상점을 시작하기 전에 해야 하는 일이 하나 더 있다. 온라인 상점은 인터넷에 상품을 전시하고 거래하는 '통신판매업'으로, 사업자는 거주하는 곳의 지방정부에 통신 판매를 시작한다는 사실을 알려야 한다. 시, 군, 구청을 직접 방문해서 신고하거나 정부24 웹사이트*에서 신청할 수 있다.

통신판매업 신고를 위해서는 먼저 사업자로 등록한 다음 '구매안전서비스'에 가입해야 한다. 온라인 거래를 할 때 고객은 물건을 받기 전에 돈을 먼저 지불한다. 만일 판매자가 돈만 받고 물건을 보내지 않으면 고객은 큰 손해를 보게 된다. 가짜 상품이나 서비스를 내걸고 돈만 받은 다음 도망가는 사기 범죄를 저지르는 사람들이 있어 사회를 떠들썩하게 만들기도 한다. 이를 방지하기 위해 고객이 낸 돈을 은행에서 맡아두고 있다가, 상품이 제대로 전달된 다음 상인에게 돈을 주

---

* https://www.gov.kr/main?a=AA020InfoCappViewApp&CappBizCD=11300000006

정부24 사이트-통신판매업 신청하기 선택

신고서 작성

통신사업자 신고 절차

는 구매안전서비스가 등장했다. 온라인 상점을 운영하려면 반드시 여기에 가입해서 소비자를 보호해야 한다. 일반적으로 대형 인터넷 사이트 자체가 구매안전서비스에 가입한 곳이 많아서 기존 웹 사이트를 이용하면 개인이 따로 가입할 필요가 없다.

온라인 상점 사업의 시작

사업자등록증, 통신판매업 신고증까지 받았다면 이제 온라인 상점을 열 준비를 모두 마쳤다. 어떤 상품을 얼마에 판매할지는 상인의 마음에 달렸다. 또한 상품을 광고하고, 고객이 만족해서 다시 찾도록 하는 것은 모두 상인의 상상력과 실행력에 달렸다. 어떤 온라인 상점은 금방 망해버리고, 어떤 곳은 '아마존'처럼 세계에서 제일 큰 기업으로 성장하는데, 이는 전부 온라인 상점 운영자의 능력에 달렸다.

2부

재물이 들고 나는 것을
기록하고 분석하는 회계사

회계사의 탄생과 변화

들어오고 나가는 돈을 따져서 셈을 하는 회계를 전문으로 하는 사람을 회계사라고 한다. 자산을 관리하는 일은 고대부터 개인뿐만이 아니라 국가나 집단 단위로도 중요했다.

회계 기록을 시작하다

'부기'와 '회계'

돈이나 물건이 들어오고 나가는 것을 정확히 기록하는 것은 중요한 일이다. '돈과 물건이 들고 나는 것을 규칙에 맞게 정확히 기록하는 것'을 '부기'라고 한다. 그리고 이 기록을 보고 매일, 매달 혹은 매년 정해진 기간에 돈을 얼마나 썼는지, 돈이 얼마나 모자라거나 남는지, 물건이 얼마나 남아 있는지, 더 받을 돈은 얼마이며 내야 하는 돈은 얼마인지 정리하고 앞으로 형편이 넉넉할지 부족할지 등을 예측하는 것이 '회계'이다. 회계를 전문적으로 하는 사람이 바로 '회계사'이다.

고대 수메르의 회계 장부

인류는 고대부터 '회계'를 했다. 아프리카 지역에서 발굴된 수만 년 전의 원시 유적과 선사시대 그림에는 자기 물건의 수량을 기록한 흔적이 남아있다. 기원전 4000년경 메소포타미아 지역의 수메르 문명에서는 '진흙 토큰'과 '진흙 봉투'를 사용해서 인류 최초의 회계 기록을 했다. 원, 삼각형, 원뿔, 납작한 접시, 원기둥, 타원 모양으로 빚어서 구운 진흙 토큰은 곡물, 가축, 올리브기름 등을 나타냈다. 큰 보리 토큰 한 개는 보리 한 가마, 작은 보리 토큰 한 개는 보리 한 말처럼 토큰의 크기와 개수로 물건의 양을 표현했다. 토큰 표면에 기호나 문자를 새겨 물건의 종류와 품질을 표시하기도 했다.

수메르인은 다른 사람에게 물건을 빌려주면서 진흙으로 만든 둥근 모양의 통(봉투)에 빌려주는 물건의 종류와 양, 그리고 나중에 받을 이자를 나타내는 토큰을 집어넣고 입구를 봉했다. 예를 들어 옆 동네 사람에게 보리 세 가마를 빌려주고 1년 후에 원래 빌려준 세 가마에 더해 이자로 세 말을 받기로 했다면, 진흙 봉투에 큰 보리 토큰 세 개

수메르인이 사용한 진흙 토큰

와 작은 보리 토큰 세 개를 넣은 다음 입구를 막아두었다. 봉투 겉에는 누구에게 언제까지 빌려주는지와 같은 기본 사항을 기록했다. 이 봉투는 사원에 맡겨

진흙 봉투와 진흙 토큰

두었다가 때가 되면 열어서 그 안에 있는 토큰에 따라 빌려줬던 재물을 돌려받았다.

많은 재물을 가진 상인은 보리 봉투, 가죽 봉투, 기름 봉투를 만들고 그 안에 자기가 가진 물건만큼의 토큰을 넣어 두었다. 보리를 팔고 그 값으로 가죽을 받았다면 보리 봉투에서 자기가 판만큼의 토큰을 덜어내고, 가죽 봉투에는 받은 만큼의 토큰을 넣었다. 진흙 토큰과 진흙 봉투는 인류 최초의 계약서와 회계 장부였다.

'회계'의 뜻은 무엇일까?

중국에서도 계산에 관한 짧은 글이 적힌 6천여 년 전의 대나무 조각이 발견되었다. 중국 전설에 등장하는 하나라의 우임금은 중국 동남부 저장성 지역의 모산 아래에서 여러 제후를 모아 그 공헌을 평가했는데, 이를 회계라 했다. '회會'는 모인다는 뜻이고 '계稽'는 조사하다, 검사한다는 뜻으로, 회계는 '모여서 검사한다'라는 뜻이었다. 훗

날 복잡한 계稽 글자 대신 뜻과 소리가 같은 '계計' 자를 쓰는 것으로 바뀌었다. 중국의 회계는 돈이 드나드는 것을 확인해서 지방을 다스리는 제후나 관리가 제대로 일하는지 감독하는 것이 주목적이었다.

고대 인도의 회계

기원전 300년경 인도 마우리아 왕조의 정치가이자 철학자 '카우틸리아'는 국가의 행정, 경제, 군사, 정치에 관한 『아르타샤스트라』라는 책을 썼다. 『아르타샤스트라』라는 발견된 가장 오래된 회계 서적이기도 하다. 이 책에서는 정해진 기간에 국가에서 거두어들여야 할 세금을 '수익'이라 하고, 수익을 내거나 거두어들이기 위해 지급해야 하

잉카 제국의 회계 장부 '퀴푸'

1527년 지금의 페루 지역에 있던 잉카 제국을 침략한 스페인 군대는 잉카 제국 고유의 회계 장부인 '퀴푸'를 발견했다. 퀴푸는 서로 다른 색깔의 실로 무엇에 관한 회계 기록인지, 어느 때의 회계 기록인지를 구분했다. 그리고 매듭의 크기와 모양으로 숫자를 표시했다.

실과 매듭으로 만든 회계 장부, 퀴푸

는 금액을 '비용'이라 했다. 국가는 세금을 얼마나 거둘지 목표를 정해 두고 여기서 실제 거두어들인 돈을 빼서 남은 금액으로 담당 관리를 평가했다. 예를 들어 목표 금액이 100이고, 거둔 세금이 90이면 남은 액수는 10인데, 이 남은 금액이 적으면 적을수록 그 관리는 높은 평가를 받았다. 또한 물건을 만들 때 들어간 비용, 팔리지 않고 남아 있는 물건의 값 등을 계산해서 이익을 계산하는 방법을 설명했는데, 이는 오늘날의 회계 방법과 크게 다르지 않다.

고대 그리스와 로마의
회계와 회계사

엄격하게 국고를 관리한 아테네

고대 그리스의 도시 국가에서 국가의 재정 관리는 신성한 의무였다. 아테네는 델로스섬에 국가의 재산을 보관하고 평민과 노예에게 회계를 가르쳐서 국고를 관리했으며 고위 관리가 이 전체를 감독했다. 또한 모든 공무원과 사제는 회계 장부를 기록하고 보관해야 했으며, 나랏돈뿐 아니라 개인적으로 받은 선물도 신고해야 했다. 이 기록은 회계를 감시·감독하는 '로기스타'라는 관리가 '감사*'를 했다.

아테네 시민도 다른 나라에 갈 때나 재산을 신전에 기부할 때, 자손에게 유산을 물려줄 때면 먼저 자기 재산을 꼼꼼히 기록해서 국가에

---

* 어떤 조직의 재산이나 일을 감독하는 일, 회계 장부를 검토하는 일은 '회계감사'라고 한다.

신고해야만 했다. 이렇게 엄격하게 관리했는데도 회계 장부를 속여 돈을 몰래 빼돌리는 부정부패도 계속 발생했다.

"회계는 국가의 기반이다!" 로마

로마는 제대로 된 회계가 가정과 국가 경제의 기반이라고 생각했다. 그래서 로마에서는 시민들도 가정의 회계 장부를 써야 했다. 로마의 가부장(남성 집안 어른)은 매일 돈이나 물건이 들어오고 나가는 출납 일지를 쓰고, 매월 말 소득과 지출을 장부에 옮겨 적어야 했다. 정부 관리들은 때로 이 장부를 감사했다.

로마 중심부에 자리한 사투르누스 신전에는 로마의 국고가 있었으며, 재정과 회계를 담당하는 관리인 '재무관'이 열쇠를 보관했다. 국고에는 매일매일 누가 얼마를 입금하고 출금했는지를 기록하는 필경사와 돈을 계산하는 회계원, 돈을 꺼내주는 출납원, 그리고 이들을 감독하는 감독관이 일했다. 회계 장부는 타블라리움이라는 공문서 보

로마 포럼에 남아 있는 사투르누스 신전(왼쪽), 고대 로마의 공식 기록 사무소 타블라리움(오른쪽)

관소에 보관했다. 하지만 아테네와 마찬가지로 로마에서도 돈을 마음대로 쓰고 장부를 아무렇게나 적어두는 등의 회계 부정 문제가 있었다.

직접 회계 기록에 앞장선 로마의 황제

로마의 초대 황제 아우구스투스는 회계의 중요성을 잘 알고 있었다. 그는 '라티오나리움'이라는 회계 장부를 직접 쓰기도 했다고 전해진다. 아우구스투스는 자기가 한 일의 성과를 직접 기록한 책 『업적록』에 병사들에게 지급한 금액, 물품을 사고 치른 금액, 시민들에게 나눠준 돈과 토지, 곡식 등 돈을 어떻게 썼는지를 꼼꼼하게 기록했다.

아우구스투스 동상(바티칸 미술관)(오른쪽) 터키 앙카라에서 발견된 아우구스투스의 『업적록』일부(왼쪽)

『업적록』은 로마 전역의 사원과 공공기관의 벽에 새겨서 전시했고, 이는 국가의 회계 장부를 대중에게 공개하는 전통으로 이어졌다. 하지만 시간이 흐르면서 로마의 회계는 공공의 이익이 아니라 황제의 개인적인 이익을 관리하는 것으로 변해갔다.

중세 유럽과 이슬람의
회계 발전

중세 유럽의 회계

중세 유럽은 봉건제 사회로서 각 지역을 다스리는 귀족들이 국가를 대신했다. 국가는 더 이상 회계를 사람들에게 공개하지 않았고, 영주들은 오직 '신' 앞에서만 자기가 한 일을 책임졌다. 하지만 영주들은 자기 땅을 운영하면서 회계 장부를 만들어 관리했고, 가톨릭교회나 수도원도 교회의 살림살이를 회계 장부로 살폈다.

11세기 이후 상업이 발전하고 해외 교역도 성장하면서 계약과 회계는 더욱 중요해졌다. 상인들은 공들여 장부를 기록하였는데, 종이 대신 사용했던 양피지의 값이 비쌌고 글을 쓸 줄 아는 필경사를 구하는 데도 돈이 많이 들었다. 또한 당시 사용하던 라틴어 숫자로는 계산하기 어렵고 잘못 쓰거나 읽는 경우도 많아서 불편했다. 또한 '분수'

개념도 없던 때라 회계 방법이 발전하기 어려웠다.

발전한 이슬람의 회계

이슬람교의 예언자 무함마드는 상업을 장려했다. 이슬람교의 경전 『꾸란』에는 상인이 지켜야 하는 윤리가 적혀 있었다. 또한 모든 이슬람 신자, '모슬렘'은 반드시 자기 수입의 2.5%를 가난한 사람을 돕는 데 써야 하는 '자카드'라는 규정이 있었다. 그래서 모든 모슬렘은 자카드를 지키기 위해 자신의 수입과 지출을 기록·계산해야 했기에 부기와 회계의 중요성을 알고 있었다. 또한 장부의 기록과 계산이 정확한지 확인하는 회계 '감사'도 중요한 일이었다.

'대수학의 아버지'라 불리는 이슬람의 위대한 수학자 알 콰리즈미는 976년 『과학의 열쇠』라는 책에서 회계의 기본 원리를 설명했는데, 그의 이론은 아라비아뿐 아니라 인도와 동남아시아 지역까지 전파되었다. 그 후로도 이슬람에서는 다양한 회계 서적이 출판되었다.

1896년 이집트의 '게니자'라는 유대인 교회의 창고에서는 10세기~16세기에 만들어진 40

케임브리지로 옮겨진 카이로 게니자에서 발견된 서류 (1898)

여만 건의 문서가 발견되었는데 그중에는 11세기~12세기의 회계 장부도 있었다. 이 회계 장부는 마치 요즘의 회계 장부처럼 아라비아 숫자로 기록되어 있었고, 따로따로 기록했다가 나중에 하나로 합치는 방식이었으며 '차변'과 '대변'을 나누었다.

회계가 발전한 이탈리아 북부

12세기 무렵에는 이탈리아 북부의 도시가 크게 발전했다. 피렌체, 제노바, 베네치아와 같은 도시들이 유럽에서 가장 인구가 많고, 부유하고, 상업이 발전한 곳이었으며 이곳에 많은 회사와 은행이 생겨났다. 교역으로 큰돈을 번 상인은 도시를 다스리는 권력자가 되기도 했다.

이탈리아의 수학자이자 상인이었던 레오나르도 피보나치는 이슬

레오나르도 피보나치의 초상(왼쪽)과 『주판의 책』 일부, 오른쪽 상자에는 피보나치 수열이 기록되어 있다.(오른쪽)(이탈리아 피렌체 국립도서관)

람 세력이 다스리던 알제리 근처의 항구 교역소에서 일하며 주판과 아라비아 숫자를 익혔는데, 계산을 하는 데 로마 숫자보다 아라비아 숫자가 유리하다는 것을 알게 되었다. 1202년에는 『주판의 책』이라는 책을 내서 아라비아 숫자로 빠르게 계산하는 방법을 설명했다. 이 책으로 유럽에 아라비아 숫자가 본격적으로 알려졌다. 13세기 말에는 이탈리아 중북부의 토스카나 지역에 계산을 가르치는 학교가 많이 생겨났고, 상인들은 이곳에서 실용적인 수학을 교육받았다.

핵심 회계 용어

회계에 사용하는 용어 중에서 꼭 알아야 할 것만 간략히 정리해보자.

- **자산** : 현재 가지고 있는 모든 재산, 자기 것이든 남에게 빌린 것이든 관계없다.
- **부채** : 남에게서 빌린 돈
- **자본** : 자산에서 부채를 제외한 것

> 문제 철수는 자기 돈 100만 원과 영희에게서 빌린 돈 100만 원으로 장난감 가게를 차렸다. 철수의 자산과 부채, 자본은 각각 얼마일까?

> 정답 자산 200만 원(철수 돈 100만 원+빌린 돈 100만 원), 부채 100만 원(영희에게 빌린 돈), 자본 100만 원(철수의 돈)

- **수익** : 벌어들인 돈의 총액
- **비용** : 수익을 올리기 위해 지출한 돈
- **이익** : 수익에서 비용을 뺀 것

문제 철수는 장난감 가게를 운영해서 한 달 동안 300만 원을 벌었다. 그런데 판매하기 위한 장난감을 공장에서 사 올 때 100만 원, 가게 월세 50만 원, 그 외 전기, 수도 등 가게를 운영하는 데 꼭 필요한 돈이 30만 원 들었다. 철수의 수익과 비용, 이익은 각각 얼마일까?

정답 장난감 가게의 한 달 수익 300만 원, 비용 180만 원(판매 물품 구매가+월세+그 외), 이익 120만 원(수익-비용)

다음은 철수의 회계 장부이다. 한 페이지를 세로로 나누는데 왼쪽에는 자산, 오른쪽에는 부채와 자본의 변동을 적는다. 이때 왼쪽을 **차변**, 오른쪽을 **대변**이라고 한다. 또한 차변과 대변에 현금인지, 예금인지, 물건인지, 빌린 돈인지, 아직 주지 않은 돈인지 등을 구분해서 기록하는데 이를 **계정**이라고 한다. 한 달 단위로 기록하며, 한 달이 지나면 남은 돈은 다음 달로 넘어가는데 이를 **이월**이라고 한다.

장사 시작

차변		대변	
자산	금액	부채 및 자본	금액
현금	200만 원	부채 (빌린 돈)	100만 원
		자본 (자기 돈)	100만 원

한 달 장사 후

차변		대변	
자산	금액	부채 및 자본	금액
현금	320만 원	부채 (빌린 돈)	100만 원
		자본 (자기 돈)	100만 원
		이익 (번 돈)	120만 원

회계 장부를 쓸 때는 물건을 팔 때마다 기록해 두었다가 월말에 전체 거래를 한 꺼번에 정리한다. 거래가 일어났을 때 그때그때 쓰는 장부가 **분개장**이고, 한꺼번에 모아 정리한 장부가 **원장**이다.

복식부기의 등장과 회계의 발전

르네상스 이후 상업의 규모가 커지고 거래가 복잡해졌다. 이에 더 복잡하지만 정확한 부기 방법인 '복식부기'가 등장했다. 복식부기는 거래의 원인과 결과를 동시에 기록해서 현재 재산의 규모와 수익, 이익을 정확히 계산하는 방법이다. 복식부기를 누가 언제 만들었는지는 분명하지 않지만, 1299년 파롤피 회사의 회계 기록이 유럽에서 가장 오래된 복식부기 장부이다.

1494년 이탈리아의 수도사이자 수학자인 루카 파치올리는『산술, 기하, 비율 및 비례 총론』이라는 책을 펴냈다. 훗날 '회계의 아버지'라고도 불리는 파치올리는 이 책에서 복식부기를 모든 사람이 따라 할 수 있을 정도로 자세히 설명했다. 하지만 복식부기가 빠르

루카 파치올리(왼쪽)의 초상화

게 퍼져나가지는 못했다. 사회에는 여전히 상업은 저속한 일이라는 편견이 남아있어서 상류층 지식인은 회계를 무시했고, 상인들도 회계는 실습과 경험으로 익히는 것이지 책으로 배우는 것이 아니라고 생각했기 때문이다. 또한 상인 집안에는 그 집에만 대대로 전해지는 '회계 책'이 있었기 때문에 상인들은 새로운 책을 찾아보지 않았다. 하지만 파치올리는 복식부기가 세상에 꼭 필요한 지식이며, 열심히 일하고 정직하게 회계 장부를 적어 이익을 얻는 사람을 하느님이 축복할 것이라 믿었다. 그는 또한 회계를 직업으로 삼는 사람은 법률가보다도 더 많은 기술과 자제력, 공정함이 필요하다고 강조했다.

원거리 교역이 성장하다

대항해 시대가 되어 전 세계를 대상으로 하는 교역이 증가했다. 아시아와 적극적으로 교역하던 영국과 네덜란드는 새로운 상업 강국으로 떠올랐으며, 파치올리의 책은 유럽에 널리 퍼졌다. 네덜란드의 암스테르담은 부유한 상업 도시로 전문 회계 지식의 중심지가 되어 "네덜란드가 부유해진 이유는

Das Haus der Ostindischen Kompanie in Amsterdam. Kupferstich von J. van Meurs, 1663

네덜란드 암스테르담의 동인도회사 (얀 드 뫼르, 1663)

복식부기 때문이다"라는 말이 생겨날 정도였다.

16세기 초에는 복식부기를 가르치는 학교가 많이 늘어났고, 파치올리의 책은 다양한 언어로 번역되었다. 사람들이 복식부기와 회계에 능통해야 상업에서 성공할 수 있다고 생각하기 시작하면서 수학자들도 회계를 가르치기 시작했다. 특히 네덜란드의 동인도 회사는 회계 장부를 기록하는 전문가를 고용했으며, 정기적으로 배와 창고를 감사했다. 또한 6년마다 회사의 모든 수익과 비용에 관한 기록을 공개했다.

회계를 사랑한 프랑스 국왕과 신하

절대 왕정 시대였던 17세기 프랑스의 국왕 루이 14세는 복식부기

루이 14세에게 로얄 아카데미 회원들을 소개하고 있는 콜베르 (앙리 테스텔렝, 1667)

에 능통한 회계 전문가 장바티스트 콜베르를 등용했다. 상인 가문에서 태어나 상업과 회사 운영에 필요한 지식과 기술을 익혔던 콜베르는 당시 권력자 마자랭 추기경의 개인 재산을 크게 불려주었다. 마자랭 추기경은 콜베르를 루이 14세에게 소개했고, 얼마 지나지 않아 콜베르는 왕의 신임을 차지하여 프랑스의 재무 총감(재무부 장관)이 되었다. 그는 왕에게 복식부기를 가르쳤고, 루이 14세는 복식부기에 푹

단식부기와 복식부기

르네상스 이전 사람들은 대부분 회계 장부를 '단식부기' 방법으로 기록했다. 단식부기는 돈이 들어오고 나가는 것을 날짜 별로 쭉 정리해 둔 것으로, 보통 집안 살림을 기록하는 가계부 등에 널리 쓰인다.

단식부기
4월 25일
월급 300만 원 수입
4월 27일
식품 구매 50만 원 지출
4월 29일
예금 100만 원 지출
4월 30일
잔액 150만 원

'복식부기'는 돈이 들어오거나 나가는 원인과 결과를 한꺼번에 기록하기 때문에 거래를 정확하게 파악할 수 있다.

복식부기		
날짜	차변	대변
4월 25일	현금 증가, 300만 원	월급 300만 원
4월 27일	식품 증가, 50만 원	현금 지출 50만 원
4월 29일	예금 증가, 100만 원	현금 지출 100만 원
총	450만 원	450만 원

또한 대변과 차변의 합계는 항상 같아야 해서, 두 숫자가 다르다면 장부에 잘못 기록했거나 계산이 틀렸다는 증거다. 이를 통해 회계의 실수를 쉽게 찾을 수 있다. 또한 여럿이 나눠 장부를 기록하고 나중에 합치기도 쉬워 상거래나 사업에서 널리 이용된다.

빠져 금으로 장식한 작은 휴대용 회계 장부를 만들어 늘 가지고 다니면서 나라의 재정 상태를 직접 챙겨보았다. 하지만 콜베르가 병으로 갑자기 죽고 나서 루이 14세는 회계 장부를 멀리했다. 대신 사치스러운 생활과 전쟁에 돈을 낭비해서 프랑스 나라 살림은 엉망이 되었으며, 이는 훗날 프랑스 혁명의 원인이 되었다.

동아시아 회계의 역사

단순한 부기 방법에서 복식부기까지, 중국의 회계

중국은 주나라 때부터 '들어온 돈-나간 돈=남은 돈'이라는 공식으로 회계를 관리하는 '삼주 치주법'을 사용했다. 당나라 때에는 이 공식에 이전에 쓰다 남은 돈을 추가하여 '이전에 남은 돈+들어온 돈-나간 돈=남은 돈'의 '사주 치부법'으로 발전했다. 관청에서 세금을 거둘 때는 물론이고 민간 상인들도 이 방법을 사용했다.

명나라 초기 무렵 중국에서는 매일 기록하는 '일기', 거래를 나눠 기록하는 '분개장', 그리고 분개장을 옮겨 적는 '원장' 등의 회계 장부를 사용했다. 하지만 모두 돈이 들고 나는 것을 적는 단식부기 방식이었고, 명나라 말기에서 청나라 초기가 되어서야 복식부기가 시작되었다. 복식부기로 기록된 장부는 중국의 옛 수도 허난성 뤄양 남쪽의 동굴 사원인 룽먼 석굴에서 발견되었다. 장부는 각각의 거래를 판매, 구매, 이체, 기타, 네 종류의 활동으로 나눠서 기록한 다음 다시 원장에 옮겨 전체적인 상태를 파악했다.

청나라 때는 더욱 발전한 '천지합 회계' 방법을 사용했다. 서양 복식부기에서 장부 한 장을 왼쪽, 오른쪽으로 나눈 것과 달리 중국 회계 장부는 위(천, 天)와 아래(지, 地)로 나눠 이중으로 기록을 남겼다.

고려 시대 삼사와 해유 문서

우리나라 역사에서 회계 관련 기록은 10세기 말, 고려 시대 관청 '삼사'에서 찾아볼 수 있다. 삼사는 국가 재산을 관리하는 관청으로 세금을 거두어들이고, 관리의 녹봉을 지급하며, 국고에서 화폐와 곡식이 들고 나는 것을 기록했다.

1392년에는 관리가 자리에서 물러나거나 지금 하던 일을 그만두고 다른 업무를 시작할 때, 자기가 담당하고 있던 돈과 물건을 후임에게 빠짐없이 넘겨주기 위해 기록을 남기는 법을 삼사에서 만들었다. 삼사에서는 전임이 후임에게 넘겨준 물품이 이상 없다는 것을 확인한 다음 '해유 문서'를 발급해 주었다. 관리는 해유 문서가 있어야만 봉급을 받고 승진하는 데 문제가 없었다.

우리나라 고유의 사개치부법

고려는 백성에게 상업을 권장했고, 사람들은 장사해서 돈을 버는 것을 당연하게 여겼다. 또한 화폐 유통에도 적극적이었다. 이처럼 활발한 상업 활동 아래 고유의 회계 장부 기록 및 계산 방식이 발전했다. 고려의 회계 방법이 알려진 것은 1915년 현병주가 개성의 상인들에게 전해지는 회계 방법을 『실용자수 사개송도치부법』이라는 책에서 자세히 소개하면서였다. '사개치부법'은 부채, 자산, 이익, 손실의 4가지 장부에 각각 누구에게 받았는지, 누구에게 주었는지, 무엇을 받았는지, 무엇을 주었는지를 기록한 것이다. 또한 분개장에 해당하는 '일기'와 원장에 해당하는 '장책'이라는 문서가 있어서 거래가 생

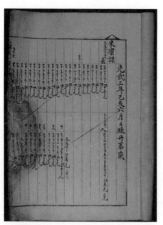

조선 말 상인들 사이에 전수된 우리나라 고유의 사개치부법(개성부기)으로 기록된 회계 장부

기면 먼저 일기에 내용을 쓴 다음 장책에 옮겨 적었다. 이 사개치부법은 서양의 복식부기와 근본 원리가 같았고, 더 뛰어난 점도 있었다. 어떤 학자들은 서양의 복식부기보다 2백여 년 먼저 만들어진 복식부기 방법이라고 주장한다. 하지만 사개치부법은 개성상인들 사이에서만 비밀리에 전해져서 일반에게 공개되지 않았고, 또한 조선 중기 이전의 회계

천은상길진

고려 개성 상인들이 작성한 장부의 제일 앞에는 '천은상길진(天恩上吉辰)'이란 문구가 쓰여 있었다. 이는 "하늘의 은혜를 성실히 기록하고 하나의 거짓도 없음을 나타낸다"라는 뜻으로, 고려 상인들이 회계 장부 기록을 그만큼 중요하게 생각했음을 알 수 있다.

장부가 발견되지 않아 언제, 어떻게 발전했는지를 정확히 알 수 없다.

회계 문서를 엄격하게 관리한 조선

조선에서는 관청에서 금, 은, 곡식을 내어줄 때 '감합법'을 사용했다. '감합'이란 좌우를 서로 짝지어 맞춘다는 뜻으로, 두 문서를 왼쪽과 오른쪽에 둔 다음 가운데에 도장을 찍고 훗날 둘을 맞춰 진짜임을 증명하는 방법이다. 이 방법은 오늘날 계약서를 작성할 때도 여전히 사용되고 있다.

일선 관청에서는 회계 문서를 두 부 만들어서 하나는 일선 관청에, 하나는 호조*에서 보관 · 관리했고, 관리에게 해유 문서를 줄 때도 거짓 기록은 없는지 꼼꼼히 확인했다. 장부 관리가 엄격하게 이루어

* 인구, 부역, 세금, 곡식, 돈, 재물에 관한 일을 맡아보던 관아

진 것을 보면 조선에서 회계가 얼마나 중요했는지를 알 수 있다.

조선의 회계 전문가, 산원

조선에는 호조 소속으로 회계 업무에 종사하는 전문직 관리 '산원'
이 있었다. 호조에는 '회계사(會計司)'라는 부서가 있어 국가에서 거
두는 세금과 전국의 토지 등을 관리하고, 수도와 지방의 관청에 보관
된 곡식, 포목, 돈이 들고 나는 것을 계산하고, 관리의 해유를 내는 일
을 했다. 산원은 이 부서에서 장부의 내용이 올바른지, 잘못 돈을 쓴
곳은 없는지 등 회계 관련 사항을 감사해서 이 결과를 왕에게 보고했
다. 비록 하급 관리이기는 했지만, 이들은 마치 요즘의 공인 회계사와
같은 역할을 했다.

◇◇◇◇◇

정보 기술을
이용하는
근대 회계사

◇◇◇◇◇

근대에 접어들어 회계 기술이 복잡해졌으며 회계사는 전문직이
되었다. 회계와 관련된 여러 업무를 전문으로 하는 회계 법인들
이 생겨났고, 국가적으로는 여러 제도가 만들어졌으며, 돈을 다
루는 일인 만큼 여러 사건 사고가 발생하기도 하였다.

전문직이 된 회계사

산업혁명과 전문 회계사의 등장

산업혁명을 거치면서 거대한 회사와 공장이 등장했고 사업의 규모가 크고 복잡해지면서 많은 수의 전문 회계사가 필요해졌다. 특히 산업혁명의 중심이었던 영국은 세계 경제의 중심지이자 회계의 중심지가 되었으며, 회계를 '점잖은 신사들이 익혀야 하는 지식'이라고 생각하기 시작했다. 18세기 후반에는 회계 학교가 빠르게 늘어나서 영국에만 해도 200여 개의 회계 학교가 있었다. 복식부기도 널리 퍼졌으며 사립 여학교에서도 회계를 가르치기 시작했다.

1899년 재봉 장부 원장

제임스 와트가 발명한 복사 기계

산업이 발전하면서 회계 장부의 양도 많아졌다. 증기 기관으로 유명한 영국의 발명가 제임스 와트는 진한 잉크로 서류를 쓴 다음 얇은 종이를 끼워 눌러 내용을 복사하는 기계도 발명했다. 이 복사기를 이용하면 많은 회계 장부를 일일이 베껴 쓰지 않고 복사할 수 있었다.

공인 회계사와 회계 법인의 탄생

19세기가 되어 산업의 규모는 더욱 성장하고 거래 관계는 복잡해졌다. 하나의 거대한 기업이 얼마나 성공하느냐가 국가 경제에 영향을 끼칠 만큼 중요해지자 나라가 기업의 회계 상태를 감독하고 관리할 필요가 커졌다. 하지만 공무원이 모든 기업을 감독할 수는 없었기 때문에 민간 기업과 국가 중간에서 회계를 관리하는 회계사가 등장했다.

1854년 스코틀랜드는 '칙허* 회계사' 제도를 만들었는데, 이들은 나라의 허가를 받아 민간 회사의 장부를 감독하고 승인하는 일을 했

* 왕의 허가를 받았다는 의미이다.

다. 영국과 미국에서도 비슷한 제도가 생겨났고, 1887년 미국에는 '공인 회계사'가 모여 협회를 만들었다. 공인 회계사가 되기 위해서는 변호사처럼 정부나 협회에서 만든 시험을 통과해서 자격을 획득해야 했고, 공인 회계사가 기업의 재산을 감독하고 관리할 수 있는 자격을 법으로 보장했다. 큰 기업을 관리하고 감사하기 위해서는 많은 회계사가 협력해서 일해야 했기 때문에 영국에서 회계사들이 모인 '회계 법인'이 탄생했다. '딜로이트', '프라이스워터하우스(오늘날 프라이스워터하우스쿠퍼스)', '언스트앤영' 등 오늘날에도 세계적으로 손꼽는 회계 법인이 모두 이때 등장하였다.

회계 법인 로고, 왼쪽부터 딜라이트, 프라이스워터하우스쿠퍼스, 언스트앤영

황금시대를 맞이한 회계사

20세기 초에 들어서면서 대학교에서 전문적인 회계 교육이 시행되기 시작했다. 주로 경영학에서 회계를 가르쳤으며, 여성을 위해 가정학에서도 회계를 가르쳤다. 제2차 세계 대전 이후 1960년대까지 회계는 산업에서 확실하게 자리를 잡았고 누구나 회계의 가치를 인정했다. 산업이 발전하고 주식, 보험, 금융업이 활발해지면서 회계의 중

1936년경 초기 미국 사회보장국
(SSA)의 회계 부서

요성은 더욱 커졌다. 정부는 적절한 세금을 거두기 위해 기업의 회계 정보를 분석했고 장부가 잘못되지는 않았는지, 사기나 부정행위는 없는지를 감사했다. 이 모든 일이 회계사의 일이었기에 회계사의 몸값은 올라갔고, 회계 법인은 더 많은 고객을 끌기 위해 치열하게 경쟁했다. 경쟁이 치열해지자 회계 법인은 앞으로 회사를 어떻게 운영해야 하는지를 도와주는 '컨설팅' 업무도 함께 하기 시작했다.

회계사가 되려면 복잡한 회계 지식에 통달하는 것은 물론 냉정한 자제력이 있어야 했고 높은 윤리적 기준을 지켜야 했다. 회계사를 양성하는 전문학교 학생은 마치 종교단체와 같은 엄격한 규율을 따랐다. 또한 부기와 회계 일이 구분되기 시작해서 장부를 적는 단순한 업무는 일반 사무원이, 복잡한 이익 계산과 세금 계산은 회계사가 담당하게 되었다.

회계 업무에 도입된 컴퓨터

1960년대 이후 회계 업무에 컴퓨터가 널리 쓰이게 되었다. 컴퓨터 프로그램으로 장부를 작성하게 되자 전통적인 부기 업무의 비중이 크게 줄어들어 장부 작성은 자료를 입력하는 단순 사무업무가 되었다.

이에 비해 회계 업무는 컴퓨터의 영향을 적게 받았다. 오히려 복잡한 계산을 손으로 하는 부담이 줄어들고 계산이 정확해지자 회계사들은 회사의 정보를 분석하고 미래를 예측하는 등 복잡한 일에 집중하게 되었다.

1950년대 회계용 기계 광고

회계 부정 스캔들

1970년대 이후 회계 법인과 회계사는 기업의 이익을 위해 가짜 회계 장부를 만드는 일도 서슴지 않았다. 전기와 가스 등을 공급하는 미국의 대표 에너지 회사 '엔론'은 가짜 회계 장부로 손해를 감추고 큰돈을 벌고 있는 것처럼 거짓으로 꾸며 회사의 가치를 올렸다. '아서 엔더슨'이라는 회계 법인이 엔론의 회계감사를 맡고 있었는데, 회계사들은 엔론의 장부가 조작되었다는 것을 알아챘으나 컨설팅을 해주고 받는 돈의 액수가 많아 오히려 거짓 회계 장부를 없애는 등 엔론의 부정행위에 협조했다. 2001년 엔론은 기업의 운영 상태를 속인 것이 발각되어 문을 닫았고, 전 세계에 걸쳐 8만 5천여 명의 직원을 두었던 아서 앤더슨도 이제 200명 정도의 규모로 이름만 유지하고 있다. 이 외에도 기업의 성과가 실제보다 좋아 보이도록 꾸미는 분식회계*가 끊이지 않아 오늘날에도 뉴스에 분식회계가 발각되어 처벌받는 기업이 심심치 않게 등장한다.

---

* '분식'이란 '분을 발라 얼굴을 화장한다'라는 뜻인데, 분식회계는 장부를 거짓으로 꾸미는 행위다.

근대 동아시아 회계의 역사

● 중국 근대 회계

서양식 회계를 도입한 중국

청나라가 멸망하고 1930년대에 미국 등 서양에서 회계를 공부하고 중국으로 돌아온 사람들이 대학에서 서양식 회계를 가르치고 회계 사무소를 설립했다. 1937년에는 상하이에 회계를 전문적으로 가르치는 회계 학원도 생겨났는데 대부분 서양식 복식부기를 받아들여 사용했다. 하지만 회계 전문가

샌프란시스코의 중국인 회계사 (1892)

가 아니라도 이용할 수 있을 정도로 간단하고 이해하기 쉬운 중국 전통 회계를 더욱 발전시켜야 한다는 주장도 있었다.

중국의 중화인민공화국과 사회주의 회계

1949년 마오쩌둥이 있는 중국 공산당은 중화인민공화국을 설립했다. 중화인민공화국에서는 서양식 회계 방법을 사용하지 못하게 하였으며, '사회주의 회계'를 도입했다. 각지에 부기, 회계 전문 기관을 만들어서 규정을 통일하고 전국의 모든 부분에 같은 규칙을 적용하는 회계 제도를 시행한 것이다.

하지만 1980년대 중국 경제를 개방하고 외국 자본을 끌어들이면서 다시 서양식 회계 제도를 받아들였다. 1990년대 초에는 사업 종류에 따라 회계 방법을 다시 정리했다. 2006년에는 세계화에 발맞추어 국제 기준을 따르는 회계 규칙을 마련했다. 하지만 아직 적지 않은 중국 기업의 회계가 국제 기준을 따르지 않는다.

● 우리나라 근대 회계

서양 부기의 도입과 일제 강점기의 회계

조선은 1882년에 양반도 상인이 될 수 있도록 허가했다. 외국과 교역을 허가한 항구에서는 활발히 교역이 이루어졌으며, 1883년에는 상회, 상사와 같이 상인들이 조합을 만드는 등 조선의 상업 활동은 크게 변화했다. 우리나라에 서양식 부기가 도입된 것도 이 무렵이다. 1899년 광흥학교에서 야학을 열어 특별히 산술, 부기, 국어를 가르친다는 신문 광고를 보면 이미 서양식 부기가 어느 정도 자리 잡았을 것이라 볼 수 있다. 1903년에는 한성은행에서 서양식 부기를 사용했고, 1906년에는 은행이 서양식 부기 장부인 '대차대조표'를 공개하도록 법을 만들었다.

1910년 대한제국을 강제로 합병하고 식민지로 지배하기 시작한 일제는 정치, 경제, 사회, 문화 모든 분야에서 일제 방식을 따르도록 했다. 1910년에는 회사령, 1912년에는 조선민사령을 만들어서 회사를 새로 세우려면 조선총독부의 허가를 받도록 했다. 회사의 회계도 일제의 방식을 그대로 따랐다. 그렇게 전통적인 우리나라 회계 방식은 점점 잊혔다.

광복 이후 우리나라 회계 기준의 변화

일제 강점기 이후 한국전쟁이 끝난 1954년부터 본격적인 우리나라의 경제 부흥이 시작되어 많은 회사가 탄생했다. 한국산업은행이 회사들에게 자본을 빌려주었는데, 회사의 회계 장부를 분석해서 회사의 상태를 정확히 파악한 다음 돈을 빌려주었다. 하지만 당시에는 회계 장부 기록 방식이나 처리 방법이 제각기 달라 회사의 가치를 정확히 알기 어려웠다. 그래서 회계 원칙을 세우기 위해 정부는 1958년 '기업회계준칙'을 발표했다. 이 준칙은 우선 세무서, 증권거래소 등의 정부 기관이 먼저 따랐다. 회사는 세금을 신고하거나 은행에서 돈을 빌리기 위해 정해진 규칙에 맞게 회계 장부를 기록했다. 1981년에는 그동안 바뀐 환경을 반영해서 새로운 '기업회계기준'을 만들었으며, 그 이후로도 세계적인 경제 개방의 흐름에 맞추어 여러 차례 회계 기준을 개선했다. 2011년에는 전 세계에서 우리나라 기업의 회계를 신뢰할 수 있도록 국제회계기준 IFRS*를 받아들였다.

우리나라 공인 회계사 제도

회계 업무를 담당하는 전문가로서 국가에서 자격을 인정한 '공인 회계사'는 장부 기록, 세금 납부 처리, 기업가치 평가, 회계감사, 컨설팅 등의 일을 한다. 1966년 이전에 공인 회계사는 '계리사'라고 불렸는데, 1950년 '계리사법'이 생기고 1953년 자격취득 방법과 시험이 정해져 전문직업으로 자리 잡았다. 1966년에는 '공인 회계사 법'을 만들어 계리사 대신 공인 회계사라는 이름을 사용하기 시작했고, 시험 제도도 개선했다.

* International Financial Reporting Standards

우리나라 기업이 성장하고 주식 시장이 발전하면서 회계감사를 받아야 하는 회사가 많이 늘어 공인 회계사의 일도 많아졌다. 또한 국제 회계기준을 도입하면서 우리나라의 회계 수준은 국제적 기준에 발맞춰 높아졌다.

오늘날과 미래의
회계사

일반적으로 회계사는 법에 정해진 시험을 통과해서 자격을 얻은 공인 회계사를 일컫지만, 그 외에도 회계 업무를 진행하는 사람들이 있다. 금융 기관 혹은 민간 기업의 회계 부서에서 일하는 회계원이 있으며 세금 관련 법을 다루는 전문가나 경영 문제를 해결하는 컨설팅 회사에서 일하는 회계사도 있다.

회계사가 하는 일

공인 회계사의 업무

보통 '회계사'라고 하면 법에 정해진 시험을 통과해서 자격을 얻은 공인 회계사를 뜻한다. 회계사는 회사의 회계 서류나 세금 관련 서류의 작성, 회사의 현재 상태와 경영 성과를 파악하고 일반에게 공개하기 위한 문서(재무제표)의 작성, 법에 따라 회사의 회계 처리가 올바른지를 감사하는 회계감사 등의 일을 한다. 또한 회사 운영에 관해 조언하는 컨설팅도 빼놓을 수 없는 중요한 일이다.

회계사만 회계 업무를 하지 않는다

어떤 회사의 회계 부서 직원을 모집하는 광고를 잠시 살펴보자. 회사마다 원하는 자격 조건이 다르기는 하지만, 아래 표의 [자격요건]

을 보면 특별한 자격을 따거나, 대학에서 회계학이나 경영학 등을 전공하지 않아도 지원할 수 있는 경우가 많다. 물론 회계 분야의 전문지식이나 자격증이 있으면 더 유리하다. 또한 큰 회사의 신입 사원으로 들어간 다음, 본인이 원하거나 적성에 맞으면 회계 부서에서 일하며 전문지식을 쌓을 수도 있다. 작은 회사는 직원 한 사람이 회계 업무를 하면서 다른 일도 같이하기도 한다. 이렇게 회사에서 일하면서 지식과 경험을 쌓은 뒤 공인 회계사 시험을 치르는 사람도 있다.

분야	직위	인원	자격요건 및 담당업무
회계	대리	0명	[자격요건] - 대졸 또는 졸업 예정자 - 해외여행 및 건강상 결격 사유가 없는 자 - 재무/회계 경력 3년 이상 보유자 [담당업무] - 재무제표 작성 - IFRS 결산 [우대사항] - 회계/세무 관련 자격증 보유자 - 회계 전공지식 이해도 보유자

다양한 분야에서 활약하는 회계사

회계사 자격을 얻은 사람 대부분은 회계 법인에 들어간다. 우리나라 회계 법인은 세계적인 회계 법인과 협력하는 큰 규모의 법인부터 10~50명의 회계사가 일하는 규모의 법인까지 다양하다. 최근에는 회계사 시험에 합격한 사람보다 회계 법인에서 모집하는 사람의 수가 많을 정도로 회계사가 귀하다.

은행, 보험회사, 증권사 또는 대기업 회계 부서에 취직하거나, 감사원 등에서 공무원으로 일하거나, 금융감독원, 한국은행, 수출입 은행, 산업은행 등 금융공기업에 들어가는 회계원도 있다. 또한 변호사들이 모인 법무법인에서 세금 관련 법을 다루는 전문가로 일하는 회계사, 회사의 경영 관련 문제 해결을 돕는 경영 컨설팅 회사에서 일하는 회계사도 있다.

회계사에 어울리는 적성

회계사는 서류를 꼼꼼하게 검토해서 잘못된 내용을 찾을 수 있는 치밀함과 계산 능력을 갖추어야 한다. 동시에 복잡한 정보를 사람들에게 쉽게 설명해 주는 커뮤니케이션 능력도 필요하다. 또한 각종 법률, 제도, 경제, 정책, 국제 관계 등의 변화도 빼놓지 않고 탐구해야 한다.

회계사는 회사와 기관이 돈을 제대로 사용하고 있음을 보장하는 사람이다. 이 보장을 믿고 사람들이 기업에 자기 돈을 투자하기 때문에 회계사는 회사가 올바르게 사업을 운영해서 투자자의 이익을 보호하고 국가 경제 발전에 이바지하도록 해야 하는 책임이 있다. 앞서 살펴본 엔론처럼 거짓으로 회계 장부를 꾸며 사람들을 속이는 일은 시장의 믿음을 져버려서 경제에 매우 나쁜 영향을 미친다. 돈이나 권력의 꼬드김에 넘어가지 않고 반드시 제대로 된 정보를 세상에 알려 부정과 거짓을 막는 정의감과 굳센 의지, 사회에 대한 책임감을 가진 사람은 좋은 회계사가 될 수 있다.

미래의 회계사

회계사의 수요

앞으로 몇 년 동안 회계 관련 직업은 지금과 크게 달라지지 않거나, 조금 증가할 것으로 예측한다(2020~2030 중장기 인력수급 전망, 고용노동부). 하지만 올바른 회계감사의 중요성이 커지고, 법에 따라 회계감사를 받아야 하는 회사가 늘어났고, 민간사업이 아닌 공익 단체에 관한 감사도 늘어나고 있다. 회사마다 반드시 감사받아야 하는 시간이 정해져 있어서 회계사를 필요로 하는 곳은 줄어들지 않고 있다. 법률과 규칙이 점점 복잡해지면서 작은 회사나 상점에서 회계사나 회계법인에 일을 맡기는 경우도 늘고 있다.

인공지능이 가져올 변화

사람의 학습, 추리, 이해 능력 등을 컴퓨터 프로그램으로 만들어낸 '인공지능'의 발달은 회계사가 하는 일에도 큰 변화를 가져올 것이다. 회계 업무는 단순 계산 등 정해져 있는 일을 반복하는 경우가 많다. 이런 일은 컴퓨터가 대신하기에 적합하므로 국제적인 회계 법인에서는 점점 신입 직원 수를 줄일 것으로 예측한다. 또한 컴퓨터 파일로 저장된 회계 장부를 인공지능 프로그램으로 분석해서 문제를 찾아낸다면 회계사는 문제의 원인을 밝혀내거나 해결 방안을 찾는 데 더욱 몰두할 수 있다. 게다가 이러한 방법을 활용하면 회계 자료를 감사하는 시간이 짧아지고 비용도 적게 든다.

이미 큰 규모의 회계 법인은 컴퓨터와 인공지능을 이용한 회계감사 시스템을 만드는 데 큰 노력을 기울이고 있다. 미국 증권시장을 감시하는 '미국증권거래위원회'도 인공지능 프로그램을 활용해서 조작된 회계 정보를 걸러내고 있다. 전문가들은 이런 변화를 바탕으로 몇년 안에 기업 회계감사의 30%를 인공지능이 대신할 것으로 예측한다. 하지만 회계 업무를 인공지능이 전부 대체하지 못하는 만큼 회계사가 하는 일이 크게 달라지지 않으리라 예측하는 사람도 있다.

정보기술 능력을 갖춰야 하는 회계사

앞으로는 회계사도 인공지능과 빅 데이터와 같은 정보통신 관련 기술을 잘 알아야 한다. 정보통신 기술에 관한 전문성이 부족한 회계사는 회계 처리와 감사의 질적 차이로 좋은 결과를 얻지 못할 가능성이 크다. 회계 교육의 기준을 만들고 제시하는 국제회계기준위원회도 오늘날 회계사는 회계 관련 전문지식과 윤리 의식뿐 아니라 정보통신 기술도 잘 알아야 한다고 이야기한다. 회계사도 과학과 기술의 발전과 변화에 늘 관심을 기울이고 부지런하게 새로운 기술을 익혀야 한다.

어떻게 공인 회계사가 될 수 있나요?

우리나라 공인 회계사 현황

2022년 3월 기준 한국공인회계사회에 등록된 공인 회계사는 모두 23,938명이다. 공인회계사 2명 이상이 만든 조직인 '감사반'이나 10명 이상이 모여 만든 '회계 법인'에서 일하는 사람이 15,218명(63%), 일반 기업에 취직한 사람이 8,046명(34%), 개인 사무실을 차린 사람은 674명(3%)이다. (한국공인회계사협회, https://www.kicpa.or.kr/)

공인 회계사가 되는 법

공인 회계사가 되기 위해서는 공인 회계사 시험에 합격해서 한국 공인 회계사 자격증을 받아야 한다. 시험은 1차 · 2차 시험으로 나뉘어 있다. 1차 시험에 응시하기 위해서는 영어 성적이 필요하며 대학

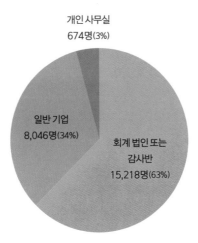

개인 사무실
674명(3%)

일반 기업
8,046명(34%)

회계 법인 또는
감사반
15,218명(63%)

우리나라 공인 회계사 현황

이상의 기관 또는 독학사, 학점 은행, 원격대학 등에서 정해진 시간 이상 회계학 또는 세무학, 경영학, 경제학 수업을 들어야 한다.

5급 이상 공무원으로 3년 이상 회계 업무를 했거나, 대학이나 전문 대학에서 조교수 이상으로 회계학을 3년 이상 가르친 사람, 은행이나 공기업, 주식회사, 신용보증기금, 기술보증기금에서 회계 사무를 5년 이상 담당한 사람, 대위 이상의 계급으로 군대의 경리병과에서 근무한 군인, 금융감독원에서 외부 감사 업무나 재무 관리 업무를 5년 이상 한 사람 등은 1차 시험을 면제해 준다.

1차 시험

1차 시험에서는 경영학, 경제원론, 상법, 세법, 회계학 총 다섯 개의 과목을 객관식으로 치른다. 회계학은 150점 만점에 90점 이상, 나머지 네 과목은 100점 만점에 60점 이상 점수를 받아야 한다. 그중 높은 성적순으로 합격자를 선발한다. 1차 시험 합격자는 보통 2차 시험 합격자의 2배 정도를 뽑는다.

2차 시험

1차 시험 합격자는 세법, 재무관리, 회계감사, 원가회계, 재무회계 총 다섯 개의 과목을 객관식으로 치른다. 재무회계는 150점 만점에 90점 이상, 나머지 네 과목은 100점 만점에 60점 이상을 받아야 하며 그중 고득점순으로 정해진 인원을 선발한다. 2차 시험 일부 과목에서 60점 이상을 받지 못해 합격하지 못 한 사람은 다음 해 해당 과목만 다시 시험 볼 수도 있다.

연수 과정

시험에 합격한 다음에는 실무 수습으로 1년간 '기본 실무과정'을 거치고 1~2년간 '외부감사 실무과정'을 받아야 한다. 실무 수습은 감사반, 회계 법인, 공인회계사협회, 금융감독원, 기타 금융위원회가 정하는 기관에서 받는다. 실무 수습을 받은 후 금융위원회와 한국공인회계사회에 등록하면 비로소 공인 회계사로서 일을 할 수 있다.

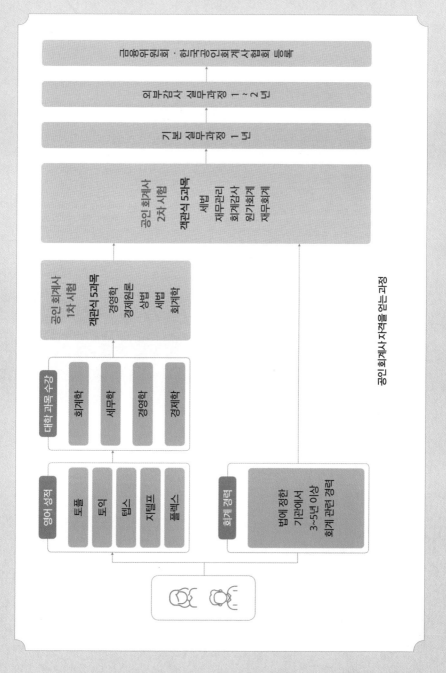

공인회계사 자격증을 얻는 과정

3부

상품과 서비스를
세상에 알리는 광고인

광고인의
탄생과 변화

판매하는 물품이나 서비스 또는 정책, 신념 등을 세상에 알리는 일을 '광고'라고 하며, 광고하는 일을 직업으로 삼은 이들을 '광고인'이라고 한다. 시대가 지나며 기술과 매체의 발달에 따라 변화하는 광고에 따라 광고인이 갖춰야 하는 소양도 변화하였다.

고대부터 중세까지
광고와 광고인

광고하는 사람

자기가 파는 물건을 사람들에게 널리 알리는 일은 중요하다. 사람들 사이에 널리 알려져야 물건이 팔릴 확률이 높아지기 때문이다. 개인이나 기업 또는 단체가 자기 상품이나 서비스, 정책, 신념 등을 세상에 알리는 일이 '광고'이고, 광고하는 일이 직업인 사람은 '광고인'이다.

광고인은 고대부터 존재했다. 바빌로니아의 시장에는 상인들에게 돈을 받고 길거리에서 상품의 이름과 가격을 큰 소리로 외치는 사람이 있었고, 이집트에도 배에 실려 온 화물의 도착을 소리 높여 알리는 사람이 있었다. 이들이 광고인의 시작이라고 볼 수 있다.

파피루스에 쓴 광고

"남자 노예 셈이 그의 선량한 주인인 옷감 짜는 주인 하푸에게서 도망쳤습니다. 선량한 테베 시민 여러분, 그를 잡도록 도와주세요. 셈은 히타이트인으로 키는 5피트 2인치이며, 불그스름한 얼굴에 눈 색깔은 갈색입니다. 그가 어디 있는지 알려 주는 사람에게는 금화 반 개, 그를 하푸의 가게로 데려오는 사람에게는 금화 1개를 드립니다. 하푸의 가게는 항상 여러분에게 최고의 옷감을 제공합니다."

기원전 3천여 년 전, 파피루스에 쓰인 도망친 노예를 찾는다는 글이다. 지금까지 발견된 것 중 가장 오래된 '글로 쓴 광고'로 알려져 있다. 도망친 노예를 잡아 오면 돈을 준다는 점 외에도 주인 하푸는 자기 가게 자랑을 슬쩍 끼워 넣어 광고하고 있다.

고대 그리스와 로마의 광고

문자가 널리 사용되지 않던 때에는 중요한 정보를 말로 전했다. 전쟁이 일어나면 소식을 '외치는 사람'이 도시 이곳저곳을 누비고 다니

며 군인들에게 소집 명령을 전하는 식이었다. 그리스 시장에도 판매하는 상품에 관해 큰 소리로 외치는 사람이 있었다.

로마에서는 그보다 다

고대 폼페이 와인 가게 담벼락의 광고

양한 방법으로 광고했다. 광고를 붙이는 흰색 벽을 '앨범'이라고 했는데, 사람들은 이곳에 선거에 출마한 사람을 알리는 글, 극장에서 하는 공연·검투사 경기·운동 경기 등에 관한 정보, 잃어버린 물건을 찾는 글 등을 남겼다. 이들은 물에 갠 석회를 벽에 바른 다음 아직 마르지 않은 석회 위에 물감을 칠하고 굳히는 프레스코 기법을 이용했다.

중세의 그림 간판

중세 초기에는 여전히 시장과 거리에서 '외치는 사람'이 상품을 큰 소리로 외쳐 알렸다. 때로는 상품과 관련된 물건을 가게 앞에 전시했는데, 옷감을 파는 가게 앞에는 베틀을 놓고 포도주를 파는 가게 앞에는 포도 넝쿨을 걸어두는 식이었다.

또한 글을 읽을 수 있는 사람이 별로 없었기 때문에 가게 주인은 그림을 그려서 간판으로 사용했다. 가게 주인이 직접 그림을 그리기도 했지만 때로는 값을 지불하고 화가를 고용해서 가게에서 파는 상품이나 그 가게의 특징을 잘 나타내는 그림을 그리게 했다. 예를 들어 두 개의 서로 다른 색깔 단지는 약국을 나타내는 식이었

상점이 즐비한 오스트리아 잘츠부르크 '게트라이데 길'의 간판

다. 처음에는 그림이 단순했지만 점차 화려해져서 지금도 오래된 유럽의 거리에는 그림으로 된 간판이 많다.

인쇄물 광고가 등장하다

오늘날의 '전단', '벽보'와 같은 형태의 광고가 본격적으로 등장한 것은 '종이'와 '인쇄술' 덕분이었다. 2세기 초 중국에서 발명된 종이가 이슬람을 통해 12세기 무렵 유럽에 전해졌고, 14~15세기에 유럽 전역에 퍼졌다. 1439년 독일의 구텐베르크가 만든 금속 활자* 인쇄 기

13세기, 책에 포함되어 있는 책을 만드는 상업 상점 광고

술을 사용하면서 종이에 글을 인쇄하기가 편해졌다. 책 만들기도 쉬워지고, 값도 저렴해지자 이제껏 몇몇 사제나 학자만 보던 책을 일반 시민도 가지게 되었다. 그러자 15세기 후반부터 책을 광고하는 전단과 벽보 등 인쇄물이 나타났다. 한 가지 상품만 광고하는 전단은 여러 가지 상품을 한꺼번에 소개하는 '안내서(카탈로그)'로 발전했다. 16세기 후반이 되면

1516년 광고의 한 면 (바젤 미술관)

* 단단한 금속에 글자를 뒤집어 튀어나오게 새긴 것

프랑스에서 처음으로 책이 아닌 다른 상품, 비단 양말을 광고하는 전단도 등장했다.

신문 광고가 시작되다

17세기가 되어 일주일에 한 번 이상 정기적으로 발간되는 신문이 등장했다. 특히 대항해 시대에 세계 무역의 중심지였던 네덜란드에는 유럽뿐 아니라 아메리카, 아프리카, 아시아 뉴스까지 싣는 신문이 있었다. 사람들이 신문을 읽자 자연스럽게 신문에도 광고가 실리기 시작했다.

1630년대 네덜란드 신문에는 "상아, 호피 등이 도착했으니 구경하러

1700년경 네덜란드 의사의 광고   17세기 자율주행 마차(최초의 무인자동차)를 알리는 광고

최초의 영어 전단

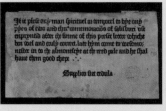

윌리엄 캑스턴의 책 광고 전단

영국의 인쇄업자이자 출판업자였던 윌리엄 캑스턴은 1477년 『솔즈베리의 파이』라는 책을 출판하고 그 책을 광고하는 전단을 만들었다. 전단에는 "웨스트민스터의 판매소에 빨간 간판이 걸린 가게로 오면 책을 싸게 살 수 있다"라고 광고한다. 그리고 제일 아래에는 "이 전단을 떼지 마시오"라는 경고문도 실었다.

오세요" 같은 상품 광고에서부터 미술품 판매, 대학 설립에 관한 광고가 실렸다. 영국의 신문에도 결혼식 축하, 잃어버린 말 찾기, 새로 나온 책 소개 등 다양한 종류의 광고가 실렸으며, 프랑스에서도 1631년부터 신문에 광고가 실렸다.

신문 광고의 전성시대

과거 영국에서는 신문을 발행하기 위해서 정부의 허락과 감독을 받아야 했다. 1695년 이 법이 없어지면서 새로운 신문이 많이 생겨났다. 특히 일주일에 한 번 나오는 신문이 아니라 매일 발간되는 '일간 신문'이 많이 늘어났다. 이처럼 신문의 종류가 다양해지고 자주

나오자 신문을 보는 사
람도 늘어났다. 그만큼
신문에 실리는 광고도
늘었다.

1835년 영국 옥외 광고판 그림

영국의 찰스 포비는
1705년 광고를 전문으
로 하는 '일반 교역 기
사'라는 이름의 신문을 만들었다. 그는 광고의 글자 수에 따라 돈을
받았으며, 신문을 상점이나 사무실에 무료로 나눠 주고 읽은 다음에
는 상품 포장지로 사용하라고 권했다. 그는 신문 광고의 요금 체계를
만들었으며 신문의 인쇄 부수를 사람들에게 공개했다는 업적을 남겼
다. 18세기 초 신문 광고에는 그림도 실리기 시작했으며, 전문적으로
광고 문안을 쓰거나 광고를 디자인해 주는 사람도 등장했다.

신문 광고를 둘러싼 다툼도 잦았다. 신문 광고를 보고 다른 사람이
개발한 상품을 베껴 모조품을 만드는 일도 있었고, 제품의 성능을 거
짓으로 부풀리는 과장 광고도 등장했다. 신문이 너무 많이 생겨나자
영국 정부는 1712년부터 광고 한 줄마다 세금을 매기기도 했다. 그러
나 신문과 광고의 성장은 멈추지 않았다.

광고가 주된 수입이 된 신문과 광고 대행사의 탄생

19세기에 들면서 신문사는 신문 구독자에게 받는 구독 비용보다 신문에 광고를 실어주고 받는 광고료가 더 두둑하다는 것을 알았다. 그래서 신문은 광고를 싣는 면을 미리 정해서 비워두었다가 광고하기를 원하는 사람에게 팔았다.

영국에서는 18세기 후반부터 광고 대행사들이 생겨나기 시작했고, 미국에서는 전직 신문 편집자 출신인 볼니 파머가 1841년 처음으로 광고 대행사를 열었다. 광고 대행사는 상품을 광고하고 싶은 '광고주' 대신 광고를 제작하는 데 필요한 모든 일을 대신 수행했다. 신문사로

찰스 디킨스의 새 책 『위대한 유산』
광고 (1861)

부터 빈 광고면을 구매하고, 광고하고 싶은 내용을 짧고 매력적인 글로 쓰고, 그림도 잘 배치하는 것이다.

19세기 후반에는 대형 광고 대행사가 생겨났다. 회사에는 글을 쓰는 카피라이터, 그림을 그리고 디자인을 하는 미술가, 광고주를 만나 광고 계약을 따내고 완성된 광고를 내보내는 등 업무 전반을 관리하는 광고 기획자가 있었다.

광고 제작 과정은 다음과 같았다. 우

선 광고 기획자가 광고주를 만나 광고의 목적과 대상, 원하는 효과 등을 논의한다. 카피라이터는 이에 맞는 광고 제목, 표어, 문구를 쓴다. 미술가는 광고 문구에 어울리는 그림을 그리고, 인쇄에 적합하도록 광고를 디자인한다. 이렇게 만들어진 광고는 광고 대행사가 신문사로부터 사들인 지면에 실려 독자에게 전달되었다.

20세기 초 고객에게 편지를 보내 상품에 관한 의견을 조사하는 '고객 조사'가 시작되면서 광고 대행사에는 고객을 분석하고 그들의 선호를 연구하는 '시장조사 전문가'도 생겼다.

다양한 광고 수단

19세기 후반에는 '포장 광고'가 본격적으로 활용되었다. 새롭게 등장한 '백화점'에 상품을 멋지게 진열해서 방문객들의 눈길을 끄는 '진열장 광고' 같은 새로운 광고 방식도 등장했다. 또한 기찻길이나 도로 옆에 대형 간판을 세워서 상품을 광고하는 '옥외 광고'도 중요한 광고 수단이었다.

미국에서는 20세기 초반 널리 보급된 '잡지'를 통한 광고가 번

1950년대 포장 광고 (브랜드 박물관)

센트럴 옥외 광고 회사의 광고(1930)

잡지에 실린 카메라 광고(1926) (국립민속
박물관)

성했다. 신문보다 넓은 면을 광고로 쓰는 잡지 광고는 화려한 사진과

그림, 디자인으로 광고의 모습을 크게 바꾸었다.

동아시아 광고의 역사

중국 왕조 시대의 광고

당나라 장안성의 시장에는 같은 물건을 파는 가게들이 한데 모여 있었다. 저마다 간판을 내걸고 손님을 끌었으며, 점원들이 거리에서 큰 소리로 상품을 광고했다.

송나라 시대 유물 중에는 구리판 위에 가게의 상징과 판매하는 상품의 장점을 새긴 바늘 가게 광고판이 발견되었다. 광고판 가운데에는 가게를 상징하는 '바늘을 쥔 토끼'가 그려져 있으며, 그 아래에는 "지난齊南'에서 품질 좋은 바늘을 파는 '유'씨劉家

송나라 시대 금속 광고판

상점, 우리는 품질 좋은 철로 최고의 바늘을 만듭니다.", "하얀 토끼를 기억해 주세요." 등의 광고 문구가 새겨져 있다.

그러나 오랫동안 상업은 천한 일로 취급되었기 때문에 광고에 관한 자료는 이 외에 별로 남아있지 않다.

우리나라 신라 시대의 상표와 광고

신라가 일본에 수출하던 상품에는 '첩포기'라는 일종의 상표가 붙어 있었다. 첩포기는 일본의 '쇼조인' 유물 저장소에 보관된 양탄자에 붙어 있는 천으로 물건을 만든 사람 이름과 제작한 곳, 물건의 이름, 수량 등이 기록되어 있다. 이런 기본 정보 외에도 첩포기에는 "신라 물품을 얻어라."라고 권하는 글도 쓰여 있어 광고 역할도 했으리라 짐작한다. 또한 일본에 수출한 '먹' 표면에 만든 사람의 이름과 품질을 새겨 두어 나중에 더 사고 싶은 사람에게 정보를 전해 주었는데, 이것도 자기 상품을 알리는 광고의 하나였다.

경주 안압지 유적에서는 나무 판에 글자를 쓴 '목간'이 여러 개 발굴되었는데, 물건에 붙어 있었던 것으로 추정한다. 만든 사람, 제품명 등이

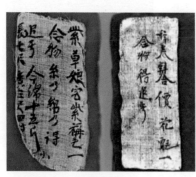

신라 **첩포기** (KBS 〈역사스페셜〉 캡처)

쓰여 있는 목간은 물건의 상표이자 물건 제작에 관한 정보를 전달하는 광고 역할을 했을 것이다.

고려 시대부터 조선 시대까지, 시장의 간판과 벽보

고려 시대 시장은 국가에서 허락한 '시전'이었다. 시전의 가게 앞에는 간판이 걸려 있었는데, 가게에서 판매하는 물건을 광고하기보다는 덕이나 선, 신용, 겸손에 관한 교훈적인 글을 내걸었다. 술을 파는 주점은 푸른 깃발을 내걸어 멀리서도 주점이 있음을 알아보도록 했고, 입구에는 손님의 호기심을 끌 수 있는 문구를 썼다.

조선 시대에는 시전 가게의 간판 형식을 '가게 이름을 판자에 쓰고, 아래에는 파는 상품의 그림을 그리도록' 통일해서 관리하기 쉽게 만들었다. 사람이 많이 다니는 거리 담벼락에는 상점의 이름을 벽보로 써 붙여 알렸으며, 밤이 되면 술집이나 주막의 입구 옆에는 등불을 밝혔다. 조선 시대 그림지도 「경기감영도」에는 약방과 벽에 붙은 벽보를 보는 사람들의 모습이 상세히 담겨있다.

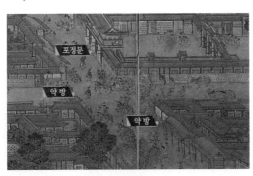

경기감영도에 그려져 있는 약방과 벽보

다양한 광고의
발전

근대에는 기술 발전으로 전자 기기가 등장하고 국가 간의 충돌로 두 차례의 세계 대전이 발발하는 등 전 세계가 큰 변화를 맞이했다. 광고 산업은 그 변화의 흐름을 세상에 널리 알렸다.

20세기 이후
서양의 광고

20세기, 새로운 전자 기기가 등장하다

20세기에 들어서면서 TV, 라디오와 같은 새로운 방송기기가 등장

하고 영화도 발전했다. 이에 따라 음성, 음악, 영상을 이용한 다양한

1949년 미국의 무선 축음기와 TV 광고

광고가 만들어졌다. 광고의 규모도 커졌으며, 광고인은 전보다 높은 수준의 전문적인 지식과 기술을 갖추어야 했다.

이 시기에는 전 세계에서 같은 상품을 광고하기 시작했는데, 1890년대에는 자전거, 제1차 세계 대전이 끝나고는 자동차, 제2차 세계 대전 후에는 TV가 가장 인기 있는 상품이었다. TV와 라디오는 광고인들의 강력한 광고 수단이었으며, 광고를 듣거나 보는 사람의 수도 이전과는 비교할 수 없을 만큼 많이 늘었다.

광고를 규제하다

광고가 항상 정확하고 올바른 내용으로 구성되어 있지는 않았다. 어떤 광고는 약간의 과장을 섞었지만, 내용 자체가 거짓인 광고도 있었다. 광고는 고객이 물건을 사는 데 큰 영향을 끼칠뿐더러 더 나아가서 대중의 사회적인 가치와 행동에까지 영향을 줄 수 있기 때문에 거짓·과장 광고를 엄격하게 단속해야 한다는 움직임이 커졌다. 그에 따라 각 나라의 광고 협회, 또는 정부 기관은 광고를 할 때 지켜야 하는 규칙을 만들고 이를 어기는 사람들을 단속하고 처벌했다.

선전과 광고의 정치적 활용

제1차 세계 대전을 겪으며 각 나라는 국민의 의견을 하나로 모으고 애국심을 부추기는 동시에 적국에 대한 적개심을 높이는 '선전

propagenda' 활동을 본격적으로 시작했다. 또한 제2차 세계 대전 동안에는 각 기업이 국가의 승리를 위해 얼마나 열심히 노력하는지를 강조하는 광고를 했다. 자동차 회사는 자기들이 만드는 자동차 부품이 탱크나 비행기에 사용되고 있다는 점을 내세웠고, 타이어 회사는 연료와 타이어를 절약하자고 독려했으며, 통조림 회사

제2차 세계 대전 중 여성 노동자의 강인함을 나타내는 미국의 포스터 '나사공 로시'

는 집 뒷마당에 채소밭을 만들어 작물을 키우자고 광고하는 식이었다. 군인으로 참전한 남성들 대신 여성의 생산 활동이 중요하다는 선전도 활발했다.

제2차 세계 대전 후 동서 냉전 시기에는 특히 사회주의 국가에서 광고를 국가 이념을 선전하는 도구로 적극적으로 활용했다.

기업의 PR 활동

기업의 광고도 달라졌다. 1945년 이후, 기업은 대중의 호의를 얻기 위한 '홍보 활동PR, Public Relation'을 본격적으로 시작했다. 광고의 주목적은 상품 판매 촉진이지만 PR은 기업이 대중으로부터 사랑받도

록 만드는 일이다. 예를 들어 학비를 내기 어려운 학생들을 위해 기업이 장학금을 기부하고, 기업에서 단체 봉사 활동을 하고, 직원들에게 좋은 복지를 제공하는 등의 일을 하는 것이다. 이런 활동이 방송, 신문 기사 등에 자연스럽게 소개되면 기업에 대한 사람들의 호감도가 올라간다. 하지만 반대로 기업이 환경오염 물질을 배출하는 등 사회적으로 문제를 일으킨다면 기업 호감도는 크게 낮아지는데, 이런 나쁜 영향을 방지하는 것도 기업 PR이다.

온라인 광고의 발달

20세기 말 컴퓨터와 인터넷이 발전하고 스마트폰이 보급되며 광고의 양상은 또다시 달라졌다. 1994년 최초로 웹 사이트 배너 광고가 시작된 이후 온라인 광고가 크게 발전한 것이다. 지금은 웹 사이트 광고 외에도 페이스북, 인스타그램 등 소셜네트워크서비스SNS의 광고, 유튜브의 동영상 광고, 인터넷 검색창에 단어를 입력하면 나오는 검색광고, 사용자가 자주 사용하는 단어와 관련된 광고를 보여주는 맞춤형 광고 등 다양한 방식의 광고가 등장해서 고객의 관심을 끌고 있다. 이에 따라 오늘날 광고인은 정보 통신 분야 기술에 관해서도 전문적인 지식을 갖출 필요가 있다.

동아시아 근대 광고

● 중국의 근대 광고

근대 이후 중국의 광고

19세기 말 중국에 서양 문물이 들어오고 상하이 등에 외국 기업이 진출하며 중국에도 근대적인 광고가 등장했다. 외국 기업들은 저마다 중국 시장을 개척하고 자기 상품을 팔기 위해 대규모 광고를 시작했다. 초창기에는 대부분 각자 나라에서 인쇄한 포스터를 중국에 들여와 여기저기 붙이는 방식으로 광고했다. 신문, 잡지가 보급되면서 중국 기업들도 광고를 시작했으며, 1930년대 이후 라디오 방송이 시작되면서 라디오 광고도 등장하는 등 점차 다양한 광고 방식이 도입되었다. 1920년대부터는 광고 대행사도 등장했는데 대부분 외국인이 운영하는 곳이었다.

중화인민공화국 시대의 광고

1949년 중화인민공화국이 수립되고 중국 정부는 광고를 엄격하게 통제했다. 1956년 이후 중국의 모든 광고 회사는 국가 소유가 되었으며, 광고 회사를 모두 합쳐 '광고 공사'를 만들었다. 하지만 공산주의 경제는 생산과 분배를 모두 국가에서 계획하고 통제했기 때문에 사실상 물건을 판매하기 위한 광고가 필요하지 않았고, 이 결과 1970년대에는 공산주의 사상을 선전하고 마오쩌둥을 찬양하는 선전 외에 상업 광고는 전부 사라졌다.

개혁 개방 정책을 도입한 1979년, 상하이의 일간 신문에 상업 광고가 다시 등장한 것을 시작으로 곧 광고는 중국 경제의 중요한 부분을 이루었다. 경제 발전과 함께 중국 광고 규모도 어마어마하게 커졌다. 2004년부터는 외국 광고 회사도 중국에 진출할 수 있게 되었으며 인터넷, 모바일 광고도 크게 성장했다.

• 우리나라의 근대 광고

근대 이후 우리나라의 광고

개항 이후 우리나라에도 신문과 잡지가 발행되기 시작했다. 1886
년에는 〈한성주보〉에 처음으로 신문 광고가 실렸다. 잡지 광고, 전차
와 전신주에 붙이는 벽보, 전단, 옥외 광고 등 다양한 형태의 근대적
인 광고가 등장했다. 주로 광고하는 상품은 외국에서 들여온 수입 상
품이었다. 우리나라에 사는 서양인을 대상으로 하는 영어로 된 광고
도 있었다. 신문과 광고가 점점 늘어나면서 테두리를 둘러 광고 글을
장식하고 그림을 그려 넣는 등 눈에 띄기 위한 노력이 더해졌다. 당시
에도 광고 대행사가 있었고, 광고 요금 책정 방식도 오늘날과 비슷하
여 얼마나 자주 광고를 내는지, 얼마나 길게 내는지에 따라 정해졌다.

일본이 대한제국을 강
점한 이후 1927년부터 라
디오 방송이 시작되었고,
영화도 큰 인기를 끌어서
이를 통한 광고도 활발했
다. 하지만 1937년 중일
전쟁, 1940년 태평양 전
쟁이 벌어지면서 우리나

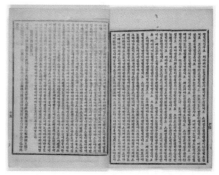

최초의 상업 광고 '덕상세창양행고백'(1886.2.22.한성주
보), 독일 무역상사 세창양행이 들여온 광고이다. (국립한
글박물관)

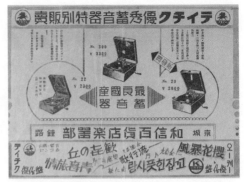

말라리아 치료약 금계랍(퀴닌) 광고(1899.7.3. 독립신문), 우리나라 약품 광고의 효시라고 할 수 있다.

1930~1940년대 화신백화점 악기부 데이치쿠 우수 축음기 특별판매 광고지 (국립한글박물관)

라 신문은 〈매일신보〉만 남고 모두 없어졌고, 그에 따라 상품 광고도 거의 찾아볼 수 없었다.

해방 이후 발전한 우리나라의 광고

해방과 남북 분단, 한국 전쟁의 혼란까지 겪은 후 우리나라의 광고 산업은 다시 제자리를 잡았다. 한국 최초의 광고 전문 월간지 〈새광고(1960)〉가 창간되기도 했고, 합동 통신사 광고기획실(오리콤의 전신, 1964)이 신설되어 광고 산업이 활성화되었다. 한글이 광고의 메시지를 전달하는 주요 언어가 되었고, 친근한 표현으로 가독성을 높인 카피가 등장했다.

우리나라 광고 시장은 1960년대 말부터 본격적으로 번성하기 시작했다. 급격한 경제성장을 이루고 국제화, 개방화 시대를 거친 우리나라에 광고 대행업의 개념이 자리 잡은 것이다. 1970년대에는 일반 가정집에도 텔레비전이 널리 보급되며 텔레비전이 신문, 라디오, 잡지와 함께 중요한 광고 매체가 되었다. 해외 기업의 창의적인 광고가 들어오며 국내 광고계에 신선한 자극을 주기도 했다.

1981년에는 컬러 방송이 시작되었고, 한국방송광고공사법에 근거하여 '한국방송광고공사'가 설립되었다. 광고 판매 대행, 방송광고 균형발전 및 방송 광고산업 활성화 등을 위하여 만들어졌는데, 1995년까지는 방송광고 거래 대행 업무를 독점했다.

2000년대 이후 인쇄매체 광고에서는 신문 지면이 증가하며 광고

'오직 그것뿐!', 1969년 코카콜라의 카피는 한국 광고 현대화의 시작으로 광고 표현의 새로운 가능성을 보여주었다.

1988년 올림픽 개최지인 대한민국 서울로 가는 노선을 홍보하는 미국 유나이티드 항공 광고

타자기 전문점 월드사무기에서 발행　금성 텔레비전 광고지(국립민속박물관)
한 올림푸스 전동 타자기 2200CR의
광고 전단지

대우자동차 CIELO의 광고

지면도 대형화 되었고, 자유로운 형식으로 틀을 깨는 광고들이 많이
등장했다. TV 광고에는 컴퓨터 그래픽과 디지털 기술 활용이 보편화
되었고, 인터넷과 모바일을 기반으로 한 온라인 광고가 눈부시게 발
전하고 있다.

오늘날과
미래의 광고인

'광고인'에는 엄밀히 말하자면 광고를 만들어 사람들에게 전달하는 일에 관련된 여러 직업이 포함되어 그 종류가 매우 다양하다. 광고의 종류가 다양해지는 만큼 광고인의 종류도 더욱 다양해질 것이다.

광고 전문가가 하는 일

다양한 전문가가 모인 집단, 광고인

광고를 만드는 방법과 광고를 싣는 매체는 기술과 환경의 변화에 따라 크게 달라졌고, 앞으로도 계속 진화할 것이다. 하지만 사람들에게 자기 상품과 서비스의 매력을 효과적으로 호소해서 구매로 이어지도록 하는 광고의 본질과 이를 책임지는 광고인의 역할은 변하지 않을 것이다.

오늘날 하나의 광고를 만들어 사람들에게 내보이기 위해서는 여러 전문가의 힘이 필요하다. 그래서 '광고인'은 단일한 직업이라기보다는 광고에 관한 일을 하는 다양한 전문가 집단이다. 각각의 전문가는 저마다 하는 일의 성격이 매우 다르고, 가진 지식과 쌓은 경험도 다르지만 모두 협력해서 하나의 광고를 기획해서 만들고 내보낸다. 이들이 하는 일을 더 자세히 살펴보자.

광고 기획자

광고 기획자^AE^는 우선 광고를 맡기는 광고주가 어떤 광고를 원하는지, 광고의 목적은 무엇이며 광고로 얻고 싶은 효과는 무엇인지, 광고에 돈을 얼마나 쓸 것인지 등을 정확히 파악한다. 그 후 다른 동료 광고인과 함께 광고에 관한 아이디어를 내고, 광고 제작 및 노출을 기획하고, 계획에 맞춰 광고가 완성될 수 있도록 총괄한다. 또한 이 과정에 들어가는 비용을 관리하고, 광고를 내보낸 다음에는 광고의 효과를 분석해서 원하는 목적을 달성했는지 광고주에게 설명한다.

광고주는 원하는 점이나 마음에 들지 않는 점 등 모든 사항을 광고 기획자에게 전달하기 때문에 광고 기획자는 회사를 대표한다고 여겨진다. 광고 기획자는 광고 전체를 총괄해서 진행해야 하므로 광고와 관련된 모든 분야에 높은 수준의 지식을 갖추고, 변화하는 세상을 늘 관찰하고 연구해야 한다. 사람들을 만나 의사소통하고, 여러 사람의 의견을 모으기 위해서는 커뮤니케이션 능력이 뛰어나야 한다. 또한 모든 일의 중심을 잡고 주도적으로 진행하기 위해서는 주인의식도 중요하다. 무엇보다도 광고를 진심으로 사랑하는 사람이 훌륭한 광고 기획자로 성장할 수 있을 것이다.

제작 책임자

광고 기획자가 광고할 제품과 광고의 목적을 제시하면 제작 책임자(혹은 크리에이티브 디렉터)는 전체 광고를 어떤 방향으로 만들지 큰 틀과 방향을 정한다. 영화로 따지자면 감독과 같은 역할이다.

제작 책임자는 곧이어 소개할 카피라이터, 미술 감독과 함께 이전에는 없던 새로운 광고 아이디어를 끄집어내야 하므로 창의적이어야 한다. 하지만 동시에 광고는 상업적인 목적을 달성해야 하므로 전략을 세우고, 세운 전략을 다른 사람에게 설득할 수 있는 능력도 필요하다. 이를 위해 제작 책임자에게 다른 동료 전문가의 힘과 아이디어를 모으는 커뮤니케이션 능력은 필수적이다.

카피라이터

카피라이터는 광고의 '글'을 쓰는 사람이다. 인쇄된 광고의 제목, 본문, 라디오나 TV 등 방송 광고의 대본, 광고 노래의 가사 등을 쓰는 것이 카피라이터가 주로 하는 일이다. 광고가 나타내고자 하는 아이디어를 제대로 표현하기 위해서는 광고하고자 하는 대상에 관한 자료를 깊이 연구, 분석해야 하고 이를 이용하거나 사들이는 고객의 마음도 파악해야 한다.

카피라이터는 전공과 관계없이 누구나 할 수 있지만, 우리 말과 글을 바르고 정확하게 쓸 수 있어야 한다. 기본적으로 다양한 분야의 지식을 갖추고 영화, 연극, 책, 음악 등 문화 활동을 즐기며 아이디어를 얻을 수 있어야 한다. 그뿐만 아니라 정치, 문화, 사회 등의 변화도 늘 면밀하게 살펴야 한다. 글솜씨도 중요하지만, 그보다도 여러 분야의 탄탄한 기본 지식과 사람의 마음에 관한 관심이 좋은 카피라이터를 만든다.

미술 감독

미술 감독은 '아트 디렉터Art Director'라고도 한다. 광고뿐 아니라 영화, 연극, 출판, 패션, 비디오 게임 등 다양한 분야에서 시각적 부분을 담당하는 사람을 일컫는다. 광고 분야의 미술 감독은 광고가 전하고자 하는 바를 이미지로 전달한다. 광고주가 전달하고자 하는 내용을 소비자에게 정확하게 전달할 수 있도록 광고의 목적과 의도를 분명히 파악해야 한다. 그리고 광고 문구, 사진, 영상 등 시각적인 요소를 하나의 통일된 이미지로 만들어야 한다. 보기에 아름답고 멋진 이미지를 만들고 연출하는 것도 중요하지만, 광고의 목적을 잃어서도 안 된다.

미술 감독은 대부분 미술이나 디자인을 전공했으며 타고난 예술적 감각이 필요하기도 하다. 물론 예술적인 감각에 앞서 상품과 소비자에 관한 이해가 있어야 하며, 꼼꼼하고 집요하게 남들이 보지 못하는 아주 작은 부분까지도 세심하게 신경 쓸 수 있어야 한다. 광고 기획자, 카피라이터, 그 외 다른 광고인과 함께 일하기 때문에 커뮤니케이션 능력도 기본으로 필요하다.

미디어 플래너

좋은 광고를 만드는 것만큼 완성된 광고를 대중에게 효과적으로 전달하는 것도 중요하다. 미디어 플래너는 광고를 어떤 매체에 실어 사람들에게 어떻게 전달할지 계획하고 실행한다. 예를 들어 신형 휴대전화 광고를 만든다면, 미디어 플래너는 TV 광고는 어떤 프로그램에, 인쇄 광고는 어느 신문이나 잡지에 몇 번이나, 옥외 광고는 어디에 몇 개나, 어떤 인터넷 사이트나 SNS에 광고할지 계획한 다음, 그 매체로부터 필요한 시간이나 지면을 산다. 광고주가 광고에 책정한 비용에는 제한이 있기에 그 한도 내에서 가장 효과적으로 광고가 노출되어 전달되도록 계획을 정해야 한다.

광고를 내보낸 후에는 광고의 효과를 분석해서 보고하기 때문에 다양한 통계 · 분석 프로그램을 능숙하게 사용할 줄 알아야 하고, 탁월한 분석 능력과 숫자 계산 능력이 필요하다. 또한 계속 변화, 발전하는 광고 매체를 꾸준히 공부할 필요도 있다.

이 외에도 TV나 라디오에 나오는 방송 광고 제작을 책임지는 광고 프로듀서PD와 영상 감독, 광고 사진을 전문적으로 찍는 광고 사진작가, 축제나 기념식, 팬 사인회, 출판 기념회 등 행사를 기획하고 진행하는 이벤트 프로듀서, 최근 급속히 늘어난 인터넷이나 모바일 광고를 기획하고, 온라인에 적합한 콘텐츠를 만들어 사용자의 흥미를 끄는 온라인 광고 전문가도 있다.

훌륭한 광고인

광고를 만드는 데에도 주요 업무에 따라 필요한 적성, 갖춰야 하는 자질, 공부해야 하는 분야가 다르다. 하지만 무엇보다 사람들에게 적절한 상품과 서비스를 알리는 광고에 흥미가 있는 사람이 훌륭한 광고인이 될 수 있다.

광고인은 항상 새로운 아이디어를 제시해야 하며, 일을 마무리해야 하는 시간이 정해져 있으므로 맡은 일을 제시간에 끝내기 위해 때로 밤새워서 일할 때도 있다. 그렇게 만든 광고의 소비자 반응이 좋지 않거나 광고주가 원하는 목표를 달성하지 못하는 경우 심한 스트레스에 시달리기도 한다. 하지만 멋진 광고를 선보일 때 얻는 보람도 크기 때문에 많은 사람이 광고인이 되려고 한다.

미래의 광고인

광고인의 필요성

앞으로 광고 관련 직업을 갖는 사람은 늘어날 것으로 예측한다
(2020~2030 중장기 인력수급 전망, 고용노동부). 글로벌 경쟁 시대를 맞
이해 상품과 서비스를 어떻게 알리느냐에 따라 성공과 실패가 정해
지기에 광고인을 필요로 하는 곳은 늘어나고 있다. 전통적인 매체보
다 인터넷, 모바일 광고가 많이 늘어나 이 분야의 전문 인력이 수요가
더 늘어날 것이다. 특히 유튜브와 같이 개인이 제작한 동영상을 이용
한 광고도 나날이 커지고 있어 영상 콘텐츠 광고 기획 · 제작 분야는
앞으로도 크게 성장할 것이다. 또한 광고의 국경이 허물어져 광고인
의 해외 진출도 늘어날 것이다.

데이터와 인공지능을 활용한 맞춤형 광고

온라인 광고 시장에서는 사용자를 분석해서 사용자가 좋아할 만한 상품을 광고하는 맞춤 광고가 늘고 있다. 그래서 사용자의 행동 데이터를 분석하는 전문가의 중요성도 나날이 커지고 있다. 이제 온라인 거래는 일상이 되었다. 온라인으로 상품을 구매하는 사람은 다양한 기록(데이터)을 남기는데 광고를 하는 사람들은 이 데이터에 인공지능 기술을 적용해서 누가, 무엇을 좋아하는지 예측한다.

이런 맞춤형 광고는 인터넷뿐 아니라 전광판 같은 옥외 광고에도 적용되고 있다. 예를 들어 엘리베이터나 지하철역에 설치된 전광판에 작은 카메라와 같이 주변의 데이터를 얻을 수 있는 장치를 설치한다. 그리고 지나가는 사람이 남자인지 여자인지, 날씨는 어떤지, 시간은 언제인지 등 광고 대상과 환경에 관한 정보를 수집한 다음 그 상황에 꼭 맞는 광고를 보여주는 기술을 개발하는 것이다. 아마 가까운 미래의 광고는 '나도 미처 몰랐던 나의 마음'을 먼저 알아내서 상품과 서비스를 권하는 조언자 역할을 할 것이다.

누구나 할 수 있는, 광고!

아직 TV 등의 매체로 광고를 만들어 내보내려면 복잡한 과정을 거쳐야 한다. 그래서 광고하기를 원하는 개인이나 기업은 전문 광고 대행사에 의뢰하는 경우가 많다. 하지만 온라인에서는 누구나 간단히 광고를 진행할 수 있다. 자기 상품을 보여주는 몇 장의 사진과 그림, 혹은 짧은 영상을 온라인 광고 플랫폼에 올리고 주요 예상 소비자를 설정하면 자동으로 광고가 만들어져서 원하는 대상에게 노출된다. 만약 누군가 광고를 보고 물건을 구매하거나 댓글을 남기는 등의 반응을 보이면 이 결과도 자동으로 분석해서 알려준다. 앞으로는 온라인 광고 외에도 다양한 방법으로 누구나 쉽게 자기 아이디어를 광고할 수 있는 세상이 될 것이다.

어떻게 광고인이 될 수 있나요?

광고인 현황

2020년을 기준으로 온오프라인 광고 대행사, 광고를 만드는 제작사 등 광고와 관련된 전문 회사는 6,337개이며 이 회사에서 일하는 직원은 총 68,888명이다. 이중 남성이 약 55%, 여성은 약 45%이며 연령별로는 30대가 49.1%로 가장 많다(2021년 광고 산업 조사, 문화체육관광부). 이 외에도 수많은 정부 기관, 공공기관, 기업 등에서 광고나 홍보를 담당하는 사람과 프리랜서가 있다.

광고인이 되는 법

광고인이 되는 데 필요한 특별한 자격증이나 면허증은 없다. 직원을 뽑는 기준은 회사마다 다르므로 하나의 기준을 이야기할 수는 없지만, 어떤 분야를 공부했든 광고 대행사나 광고 관련 기업에서 일할 수 있다. 대학에서 광고나 홍보와 관련된 학과를 졸업하면 광고 관련 기업에 들어가기 유리한 점도 있지만 새로운 아이디어를 중요하게 생각하는 광고 대행사에서는 오히려 다양한 전공과 배경지식을 가진 사람을 좋아하기도 한다. 기획과 조사, 영업에 관심이 많은 사람은 AE(광고 기획자), 글쓰기를 좋아하는 사람은 카피라이터, 그림과 디자인에 특기가 있는 사람은 미술 감독, 데이터 분석과 숫자에 밝은 사람은 미디어 플래너 등 자기 적성에 맞는 영역을 찾아갈 수 있다.

· 교과연계 내용 ·

과목 · 과정	초등학교 과정
5학년 사회	옛사람의 삶과 문화 / 사회의 새로운 변화와 오늘날의 우리
5학년 실과	나와 직업
6학년 사회	우리나라의 경제 발전 / 세계 여러 나라의 자연과 문화

과목 · 과정	중학교 과정
사회1	개인과 사회생활 / 사회 변동과 사회 문제
사회2	경제 생활과 선택 / 시장 경제와 가격 / 국민 경제와 국제 거래 / 글로벌 경제 활동과 지역 변화
역사1	문명의 발생과 고대 세계의 형성 / 지역 세계의 교류와 변화 / 제국주의 침략과 국민 국가 건설 운동 / 세계 대전과 사회 변동 / 현대 세계의 전개와 과제
역사2	선사 문화와 고대 국가의 형성 / 남북국 시대의 전개 / 고려의 성립과 변천 / 조선의 성립과 발전 / 조선 사회의 변동 / 근 · 현대 사회의 전개
진로와 직업	일과 직업 세계의 이해 / 진로 탐색 / 진로 디자인과 준비

과목 · 과정	고등학교 과정
경제	경제생활과 경제 문제 / 시장과 경제 활동 / 국가와 경제 활동 / 세계 시장과 교역 / 경제생활과 금융
세계사	인류의 출현과 문명의 발생 / 동아시아 지역의 역사 / 서아시아 · 인도지역의 역사 / 유럽 아메리카 지역의 역사 / 제국주의와 두 차례 세계 대전 / 현대 세계의 변화
동아시아사	동아시아 역사의 시작 / 동아시아 세계의 성립과 변화 / 동아시아의 사회 변동과 문화 교류 / 동아시아의 근대화 운동과 반제국주의 민족 운동 / 오늘날의 동아시아
생활과 윤리	사회와 윤리
한국사	전근대 한국사의 이해 / 근대 국민 국가 수립 운동 / 일제 식민지 지배와 민족 운동의 전개 / 대한민국의 발전
진로와 직업	일과 직업 세계의 이해 / 진로 탐색 / 진로 디자인과 준비
통합사회	생활 공간과 사회 / 시장 경제와 금융

미래를 여는 경이로운 직업의 역사

장사와 돈에 관련된 직업 I | 상인·회계사·광고인

초판 1쇄 발행 2022년 12월 21일

지은이	박민규
펴낸이	박유상
펴낸곳	빈빈책방(주)
편집	배혜진 · 정민주
디자인	기민주
일러스트	김영혜

등록	제2021-000186호
주소	경기도 고양시 덕양구 중앙로 439 서정프라자 401호
전화	031-8073-9773
팩스	031-8073-9774
이메일	binbinbooks@daum.net
페이스북	/binbinbooks
네이버 블로그	/binbinbooks
인스타그램	@binbinbooks

ISBN 979-11-90105-51-4 (44190)

- 이 책은 저작권법에 따라 보호를 받는 저작물이므로 무단 전재와 복제를 금합니다.
- 책값은 뒤표지에 있습니다. 잘못 만들어진 책은 구입하신 곳에서 교환해드립니다.